COLLECTION ITINÉRAIRES

L'Inde vivante
Des monastères du Ladakh aux rives sacrées de Kanya Kumari
de Jean-Claude Dussault est le huitième titre de cette collection.

DU MÊME AUTEUR

Proses (suites lyriques), poésie, Éditions d'Orphée, 1955.
Le jeu des brises, poésie, Éditions d'Orphée, 1956.
Dialogues platoniques, essai, Éditions d'Orphée, 1956.
Sentences d'amour et d'ivresse, poésie, Éditions d'Orhée, 1956.
Essai sur l'hindouisme, Éditions d'Orphée, 1965; Les Quinze, éditeur, 1980.
Pour une civilisation du plaisir, essai, Éditions du Jour, 1968; Les Quinze, éditeur, 1980.
Le corps vêtu de mots, essai, Éditions du Jour, 1972; Les Quinze, éditeur, 1980.
L'orbe du désir, essai; Les Quinze, éditeur, 1976.
Éloge et procès de l'art moderne (en collaboration avec Gilles Toupin), essai, VLB Éditeur 1979.
Le I ching (en collaboration avec Jean Maillé), essai, Éditions Libre Expression, 1982.
Journal de Chine, essai, Éditions La Presse, 1986.

JEAN-CLAUDE DUSSAULT

L'Inde vivante

Des monastères du Ladakh aux rives sacrées de Kanya Kumari

récit de voyage

l'Hexagone

Éditions de l'HEXAGONE
900, rue Ontario est
Montréal, Québec H2L 1P4
Téléphone: (514) 525-2811

Maquette de couverture: Claude Lafrance
Illustration de couverture: Yolande et Jean-Claude Dussault
sur le toit du monastère de Ridzong, Ladakh
Photo de l'auteur: Michel Gravel
Photocomposition: Les Ateliers C.M. inc.

Distribution: Diffusion Dimedia inc.
539, boulevard Lebeau
Saint-Laurent, Québec H4N 1S2
Téléphone: (514) 336-3941; télex: 05-827543

Distique
17, rue Hoche, 92240 Malakoff, France
Téléphone: 46.55.42.14

Dépôt légal: deuxième trimestre 1990
Bibliothèque nationale du Québec
Bibliothèque nationale du Canada

ISBN 2-89006-371-2

Avant-propos

Retourner en Inde s'est imposé à nous comme une nécessité au cours des années qui ont suivi notre premier séjour de six mois en ce pays en 1958-1959. «Vous reviendrez», nous prédisaient alors de nombreux Indiens rencontrés pendant ce voyage magique où tout nous arrivait avec une gratuité surprenante. En plus des grands monuments de l'art hindou, nous y avions découvert le monde des ashrams, petites communautés regroupées autour d'un maître spirituel, un peu en marge de la vie courante des Indiens.

Cette fois-ci, nous avons voulu nous mêler résolument à la vie du peuple indien, dans les temples, les lieux publics, les centres de pèlerinage, les trains, les autobus, les hôtels modestes et les restaurants populaires, découvrant, jour après jour, ce mélange d'astuce et de simplicité, de dévotion et de laisser-aller, de patience et de générosité qui caractérisent les Indiens de toutes origines.

Première constatation: un éclatement démographique hallucinant. Trois cents millions d'habitants de plus que lors de notre premier voyage. La richesse d'un côté, la pauvreté de l'autre; entre les deux, une classe moyenne peu nombreuse, mais très visible et influente, qui entre allégrement dans la nouvelle société de consommation qui se développe là-bas.

Pourtant, «l'Inde profonde» demeure, presque inchangée, tellement éloignée de nos préoccupations modernes qu'on a tendance à oublier non seulement qu'elle existe, mais aussi qu'elle englobe la grande majorité des Indiens. Ce qui apparaît clairement dès qu'on échappe aux grandes villes, ces foyers d'exploitation et de misère.

Nous n'avons pas voulu définir et cataloguer l'insaisissable réalité, multiple et complexe, de l'Inde; nous avons simplement tenté d'en rendre, par petites touches, les couleurs, les bruits, les saveurs, les odeurs et les intensités émotives qui nous ont frappés.

Ceci est un journal, écrit chaque jour au milieu des difficultés du voyage. Il essaie de dire simplement ce qui est simple et le plus clairement possible ce qui l'est moins. L'Inde offre le spectacle d'un monde toujours nouveau et qu'il convient d'aborder avec la plus grande disponibilité de cœur et d'esprit.

I

Delhi… comme il y a trente ans

14 septembre 1987

Nous quittons Montréal pour Delhi, via New York. Nous sommes accueillis à bord de l'avion d'Air India par la déesse Lakshmi elle-même, incarnée par une charmante hôtesse en sari qui nous salue en joignant les mains à la façon indienne.

Trajet New York-Londres en compagnie d'un couple de Bangalore d'un certain âge. Ils ont beaucoup voyagé et sont renseignés sur tout. La femme surtout a l'esprit vif et curieux. Elle a profité de ses nombreux séjours aux États-Unis, où vivent ses enfants, pour suivre des cours à orientation sociale. Elle connaît bien la musique et, comme beaucoup d'Indiens, bat la mesure des ragas que diffusent les écouteurs. Malgré sa petite taille, assise en tailleur, elle prend toute la place et n'arrête pas de bouger durant la «nuit aérienne». Arrêt de 1 h 30 à Heathrow (Londres) où nous achetons deux oreillers de voyage gonflables en velours gris.

15 septembre

Nouveau départ, cette fois pour de bon. La plupart des passagers sont Indiens. Nous sommes en retard et les nombreux bébés pleurent à qui mieux mieux. Comme l'avion n'est pas plein, nous changeons de place pour être plus à l'aise. Quelques roupillons, un lunch à l'indienne assez copieux, précédé d'un *gin bitter lemon,* un film d'une sentimentalité débordante: nous sommes presque déjà en

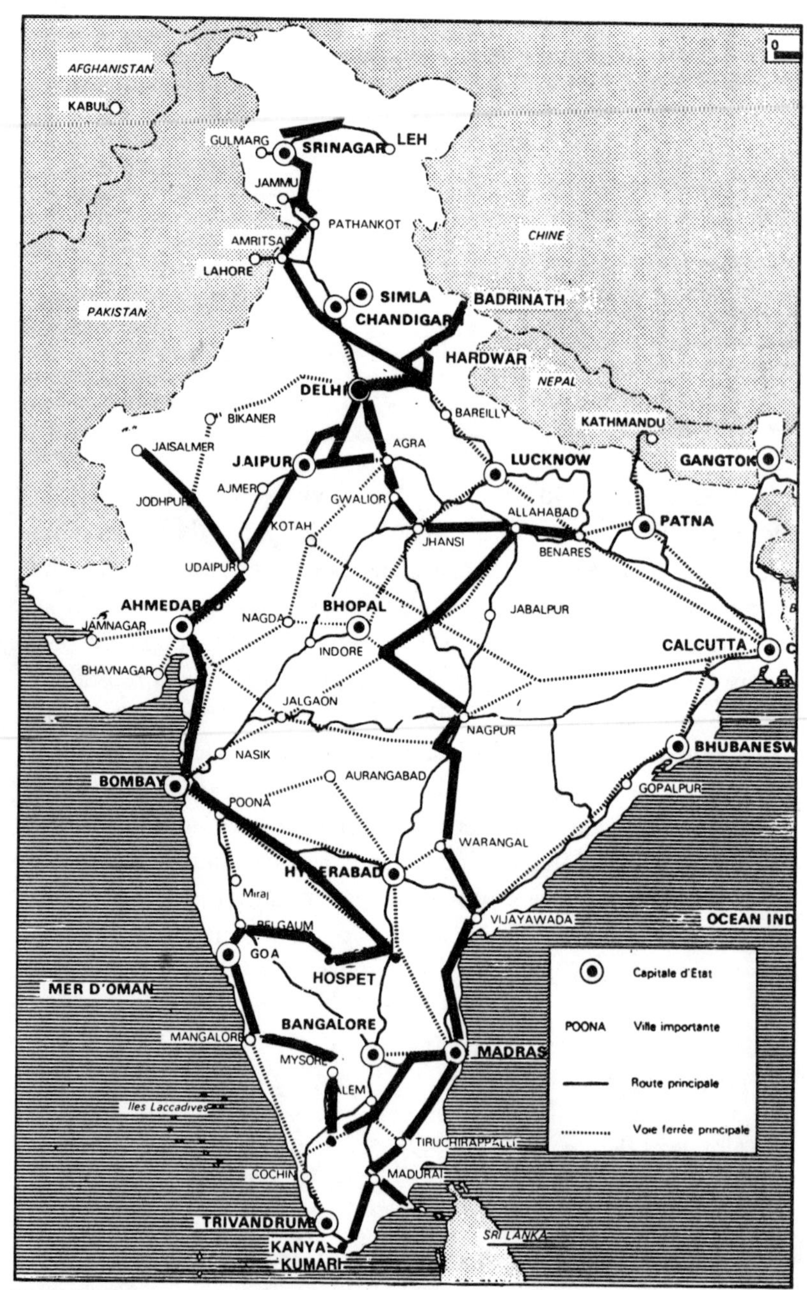

Trajet de Yolande et Jean-Claude Dussault en Inde.

Inde. À 21 h 40, léger goûter (sucrerie: *barfi*). Nous gardons nos petits restes, biscuits, fromage, etc., pour le long trajet du Ladakh.

Atterrissage enfin à l'aéroport international Indira-Gandhi de New Delhi.

À la même date, il y a 30 ans, nous entrions en Inde pour la première fois, au terme d'un voyage de 3 mois qui nous avait menés de Gênes, en Italie, à Lahore, au Pakistan, après avoir traversé la Yougoslavie, la Grèce, la Turquie, l'Iran, le désert de Kerman et le Balouchistan. Un autobus nous avait menés à quelques centaines de mètres de la frontière indo-pakistanaise que nous avions franchie à pied, pour atteindre le poste douanier indien. Nous étions les seuls voyageurs, accueillis en riant par les douaniers qui demandèrent à Yolande de leur chanter une chanson de son pays. Puis nous avions pris l'autobus pour Amritsar (le temple d'or des Sikhs) et Delhi.

Nous ne sommes plus seuls aujourd'hui. Quelque 200 autres passagers se déversent avec nous dans les longs corridors de l'aéroport qui dégagent une odeur de désinfectant, une sorte d'odeur officielle. Nous passons les douanes et le reste sans difficulté. Taxi payé d'avance pour l'hôtel Airlines, dans un quartier populaire près de la gare, car nous devons prendre le train dès demain pour le Cachemire. Une foule de curieux bloquent la sortie de l'aéroport, mais s'écartent malgré tout pour nous laisser passer. Plusieurs garçons se précipitent alors vers Yolande et moi, nous entraînant vers un taxi, affirmant que c'est la façon de procéder. Devant l'inquiétude de Yolande, je m'adresse à un policier qui renvoie les importuns et nous conduit à la station de taxis. Tout s'arrange. Il est près de minuit. Course folle en taxi. Nous traversons plusieurs contrôles policiers et des chicanes barrant la route à de courts intervalles. Le terrorisme sikh a donné à New Delhi l'allure d'une ville menaçée, mais qui se défend bien. Le chauffeur ironise un peu sur le choix de notre hôtel et nous signale au passage l'édifice du Parlement et les grands hôtels internationaux le long de Janpath, imposante avenue bordée d'arbres et de parcs où ne circulent que quelques autos et de rares passants. Une ville endormie. C'est la Nouvelle-Delhi des jardins et des ambassades.

Puis, soudain, prenant à droite, nous débouchons en quelques minutes sur un carrefour fourmillant de vie, bruyant et violemment coloré. La rue est pleine de gens et d'animaux, de rickshaws, de motos-taxis, de *tongas* tirées par des chevaux et de véhicules de toutes sortes, klaxonnant au milieu des vaches nombreuses et de tout un petit peuple affairé à cette heure tardive. Nous retrouvons d'un seul coup l'Inde que nous avions connue, sans avoir encore vu aucun touriste.

L'hôtel Airlines, «de renommée internationale pour son confort familial et son aménagement luxueux», est fermé par une grille métallique cadenassée. Un employé est couché par terre devant l'ascenseur. Il se lève et vient nous ouvrir. Le patron apparaît aussi. On nous offre une grande chambre *air conditioned,* comme dit le garçon, que nous atteignons en traversant la terrasse d'un jardin où de maigres rosiers poussent dans de vieilles baignoires récupérées. La chambre aux hauts plafonds en tôle repoussée est en voie de rénovation. On n'est pas encore rendu à la salle de bains qui est malpropre; la chasse d'eau dégage une odeur nauséabonde. Mais nous prenons quand même une douche bien méritée, après 15 heures d'avion. Il fait une chaleur torride. Un petit Népalais très gentil s'occupe du service. Nous dormons enfin dans de grands lits assez confortables.

Quelques heures plus tard, dehors, tout s'est arrêté. Les vendeurs de fruits et de légumes dorment étendus sur leur étalage mobile. De notre balcon, on peut voir leurs pieds qui dépassent. Des sans-abri sont couchés sur le trottoir. Les conducteurs de rickshaws, rassemblés par dizaines de l'autre côté de la rue, dorment affalés sur leur tricycle. C'est le monde décrit par Dominique Lapierre dans *La cité de la joie*. Quelques dormeurs sont carrément étendus sur le trottoir, parfois enveloppés de la tête aux pieds dans une couverture, comme dans un linceul. Trois hommes, portant des vases sur la tête comme des porteurs d'offrandes, passent tranquillement dans la rue.

16 septembre

Dès 6 h, la rue s'éveille. Chacun s'affaire à sa tâche particulière. Les balayeurs, hommes et femmes en *dhoti* et en sari, poussent les déchets de la rue le long des trottoirs où ils sont ramassés à la pelle par des éboueurs à brouettes. On se brosse longuement les dents à l'aide d'une tige de margousier. On transporte sur sa tête d'énormes régimes de bananes. Les étalages de fruits et de légumes se redressent. Des groupes de *sadhus* en robe jaune défilent, chacun portant son petit vase de cuivre et son baluchon, pendant que les singes courent sur les toits. La cohue des rickshaws, des scooters et des *tongas* reprend de plus belle, transportant des hommes et des femmes à leur travail ou de petits groupes de fillettes à rubans bleus se rendant à l'école.

De notre chambre, on voit les attroupements devant la gare. Nous prenons un thé réconfortant dans notre chambre et descendons acheter quelques bananes, avant de nous diriger à notre tour vers la gare. La rue, que les piétons disputent difficilement aux rickshaws et aux taxis-scooters, a l'air d'un bazar improvisé. À chaque instant il faut éviter un véhicule ou refuser une invitation à y monter. Cuisines en plein air et vendeurs de jus de fruits et de pacotilles sur les trottoirs. Nous sommes poursuivis par des marchands de voyages au Cachemire. Nous pénétrons dans un dédale de petites rues de chiffonniers et de petits commerçants. Les odeurs de vieux linges se mêlent aux parfums d'encens et aux odeurs d'épices. Nous retournons finalement à l'hôtel pour échapper aux incessantes sollicitations.

Nous devons nous rendre au Tourist Office, aller réserver nos places pour Jammu à la gare, faire le change à la banque et trouver de nouvelles lunettes pour Yolande qui a brisé les siennes. Nous y arrivons en quatre courses en taxi-scooter, après avoir pris la précaution d'en fixer le prix au départ.

Les fonctionnaires que nous rencontrons sont d'une lenteur méthodique. Ils ne s'impatientent jamais et effacent d'un sourire candide toute mauvaise humeur qu'on pourrait avoir à leur égard. À la gare, les deux fonctionnaires qui s'occupent de nous s'interrompent pour aller revêtir leur uniforme, parce qu'un groupe de jeunes voyageurs veulent les photographier.

Petit lunch avec des Espagnols dans un fast-food indien du Connaught Circus, le rendez-vous des touristes étrangers. Puis, c'est la cavalcade de taxis-scooters qui se frôlent et se croisent avec une audace suicidaire. Ils foncent, quatre ou cinq de face, comme si la rue leur appartenait. Ils occupent toutes les avenues du centre de New Dehli d'où les richshaws sont presque disparus et où les autos sont relativement clairsemées. C'est le domaine des taxis-scooters et ce n'est pas du tout rassurant pour les passagers que nous sommes.

Nos courses terminées, nous retournons à la gare. On traverse pour s'y rendre un parc de chevaux à *tonga*; c'est une écurie en plein air, facilement identifiée à son odeur. Devant l'entrée, un attroupement de coolies vêtus de rouge. Dans le hall de la gare, nous devons nous faufiler entre une foule de gens, hommes, femmes, enfants, étendus par terre. Est-ce un refuge populaire ou ces personnes attendent-elles le train?

Nous rejoignons finalement notre wagon-lit en première classe, assez confortable, et la conversation s'engage aussitôt avec deux compagnons de voyage dont l'un, Dipak Kuman Ginha, est un fonctionnaire bengali, accompagné de sa femme Mika et de leur petite fille Suvasin. Il nous parle du poète bengali Rabindranath Tagore et de son amour pour la littérature française. Les trois contrôleurs du train viennent s'asseoir un moment, suivis de trois autres personnes: un homme, une jeune fille qui brode et leur compagnon immensément triste d'avoir perdu un être cher, qui refuse tout et parle d'une petite voix éraillée d'enfant désespéré.

À une heure de Delhi, apparaît un village de boue et de torchis s'étageant au-dessus d'un étang produit sans doute par la mousson récente. Plusieurs villages, presque préhistoriques, défileront ainsi pendant des heures. Nos compagnons disent qu'il s'agit de camps de réfugiés venus d'autres États ou du Pakistan.

Nous sortons sur les quais, à l'occasion des arrêts du train, pour acheter du thé au lait. À la grande gare d'Ambala, l'arrivée du train est saluée par la symphonie rustre des cris des vendeurs se précipitant vers les portes des wagons. Une vision carnavalesque dans la brunante de la fin du jour.

Étendus sur nos banquettes pour la nuit, on entend le train respirer, la locomotive s'essouflant dans les longues montées.

II

Le Cachemire sans romantisme

17 septembre

Nous arrivons à la gare de Jammu à 7 h 30 et sommes aussitôt en proie aux rabatteurs qui veulent nous vendre des billets pour Srinagar et nous louer un house-boat sur ses lacs et ses rivières.

Je fais la queue pour un billet d'autobus pour Srinagar, dans une atmosphère suffocante. Yolande, violant tous les tabous sanitaires, m'apporte un grand verre de jus d'orange qui me sauve la vie. Une heure plus tard, nous prenons place dans notre car *super de luxe,* plutôt tape-cul, surtout que nous avons les toutes dernières places à l'arrière. Un voyage de 12 heures vers Srinagar. Les fenêtres laissent passer une brise qui rend le voyage supportable. C'est un défilé de montagnes, de forêts de hauts conifères et de cascades. Un paysage qui évoque parfois la Corse et parfois le parc californien de Yosemite.

Nous sommes les seuls étrangers dans l'autobus, mais deux Sikhs sympathiques s'occupent discrètement de nous. Nous avons pour voisin un Indien qui a vécu au Liban et a épousé une Cachemirie qu'il accompagne chez ses parents.

Quelques courts arrêts à des casse-croûte, le long de la route, parfois dans de luxueuses villas gouvernementales. Nous sommes toujours assoiffés et cherchons désespérément à boire: thé, *limca* (boisson gazeuse indienne), jus de pomme, tout est bon. Mais il nous semble que ça fait une éternité que nous ayons mangé un vrai repas. Nous n'avons pas eu beaucoup de répit depuis notre arrivée à Delhi. En fin de journée, guidés par nos Sikhs, nous prenons enfin un modeste repas indien: curry aux légumes et yogourt.

Nous commençons à être vraiment fatigués et la route est de plus en plus encombrée d'autobus affichant d'immenses images multicolores de dieux ou dc sages protecteurs et de camions tout aussi décorés et portant en grosses lettres leur désignation de Public Carrier. Le son énervant des klaxons est continu. Embouteillage monstre avant de pénétrer dans un tunnel de huit kilomètres qui débouche directement sur la vallée du Cachemire. Le paysage s'adoucit et la nuit descend.

Nous arrivons, enfin, complètement fourbus, dans la cour intérieure du Tourist Accomodation Center où nous obtenons fort heureusement une chambre pour la nuit. Un garçon insistant du nom de Yussef nous tient compagnie à la table d'un minable petit restaurant et nous propose de faire le voyage au Ladakh en voiture avec lui. J'ai mal à la tête et ne me sens pas en état de prendre une décision. Nous promettons de le revoir le lendemain et passons enfin notre première bonne nuit de sommeil depuis notre départ de Montréal.

18 septembre

Lcver tôt. Découverte du jardin fleuri devant notre hôtel: les roses splendides de Srinagar. Je croise un rabatteur et je l'accompagne à son bateau sur la rivière Jhelum. Sur la rive, on a dressé une tente de mariages multicolore où doivent se dérouler les célébrations nuptiales.

Retour à l'hôtel où j'apprends qu'il reste (peut-être) deux places dans l'autocar allant au Ladakh mais nous ne nous sentons pas assez en forme pour partir si tôt et organisons une journée de préparatifs et de flânerie. Achat des billets d'autobus pour nous rendre à Leh et de billets d'avion pour le retour. Nous traversons la ville à pied pour aller faire le change à la National Bank of India où chaque commis est identifié par une inscription sur le comptoir derrière lequel il siège. *Typist* est-il écrit devant un homme qui tente de poser un ruban à sa vieille machine à écrire. Tous semblent un peu perdus au milieu d'un tas de gros livres de comptes, usés par les ans, où toutes les opérations sont inscrites à la main au fur et à mesure. Du Moyen Âge, ils ont gardé la dévotion des clercs pour l'écriture. Dans une cage grillée, une jolie caissière nous remet notre argent indien contre un jeton métallique obtenu plus tôt.

Deux jeunes Français à qui il ne reste plus d'argent se voient avec désespoir refuser un prêt sur la carte de crédit toute neuve qu'ils se sont procurée expressément pour le voyage.

Promenade sur Hotel Road où nous nous arrêtons pour prendre un verre de bière et des croustilles au bar du Broadway, chic hôtel aux boutiques luxueuses. Détente et lunch dans le jardin fleuri (zinnias, roses, phlox, reines-marguerites, etc.) d'un petit restaurant chinois, le Tao: nouilles chinoises et thé Cachemiri, au son de la musique classique et du chant des oiseaux. Il y a quelque chose de persan dans l'air. Le soleil est devenu insupportable, mais nous sommes à l'abri d'un arbre immense qui ressemble à un érable.

Après quelques heures de repos, nous reprenons notre promenade, visitons un emporium d'artisanat (bois sculpté, papier mâché et tapis) et traversons une agglomération populaire, à flanc de colline, un peu en retrait de la grande rue commerciale. Boutiques et échoppes ouvertes dans la rue étroite. Échanges de propos avec quelques marchands amusés. Puis nous longeons un moment la rive du lac Dal, poursuivis par des appels: *«Shikara! Shikara!»* Venise en Orient. L'alignement des house-boats, sculptés en fines dentelles de bois, comme de grands cygnes s'avançant sur le lac, produit un effet féerique. Vision romantique: une dame âgée tout de blanc vêtue, seule dans un *shikara* à baldaquin blanc également, glisse lentement sur les eaux.

Nous entrons dans un magasin de tapis antiques. On déploie devant nous des dizaines de tapis turcs et persans des plus prestigieux, ce qui nous rappelle que le Cachemire est situé sur l'ancienne route des caravanes qui reliait la Turquie à la Chine, en passant par l'Afghanistan. Nous n'avons pas l'intention d'acheter et nous sentons qu'on nous le reproche, malgré l'invitation à «entrer juste pour voir».

Une panne d'électricité précipite dans le noir une partie de la ville et nous entrons dans un restaurant de spécialités Cachemiries éclairé à la chandelle. Ragoût d'agneau et boulettes en sauce avec riz *(Roghan josh* et *Gush taba)*. Modérément épicé, disait le menu, mais il nous a fallu boire toute une bouteille d'eau pour nous en remettre. Retour par la rue Shirwain en butant sur les irrégularités du pavé, car ici ce sont les autos qui occupent les trottoirs. Circulation folle et vacarme de klaxons.

Dans cette rue mal éclairée, les échappements de carburant et la poussière rendent l'air irrespirable. Nous entrons dans une boutique portant le nom d'Emporium of Ladakh Arts. Le propriétaire se montre d'une grande amabilité et d'une rare discrétion dans cette ville où le harassement est de règle. L'homme, un pandit d'une belle stature, prend plaisir à nous montrer sa collection de *thankas ladakhis*. Nous achetons à un très bon prix un magnifique et lourd collier fait de pierres semi-précieuses, d'ornements de céramique et d'os.

Les Cachemiris sont, en général, assez séduisants et savent exploiter leur charme pour faire des affaires. Les femmes sont élégantes dans leurs robes étroites, le plus souvent brodées, portées pardessus un pantalon fin. Un foulard de soie leur couvre légèrement la tête et se croise autour du cou ou tombe simplement sur les épaules. Nous rencontrons également des femmes recouvertes de la tête aux pieds d'une lourde tunique noire ou blanche *(burga)*, selon qu'elles sont mariées ou non, avec deux ouvertures masquées par un treillis de dentelle pour la bouche et les yeux. En voici une, toute jeune, avec souliers fins et bracelets aux bras et aux chevilles. De son visage, on n'aperçoit que les yeux qui paraissent plus curieux que recueillis.

19 septembre
Le temple de Sankaracharya

Nous sommes réveillés très tôt par la longue complainte du muezzin. Nous profitons de la fraîcheur du matin pour entreprendre, après avoir pris un thé et un gâteau au *tea stall* ambulant, l'escalade de la colline Sankaracharya, lieu de pèlerinage pour les Hindous et pour les Sikhs. La montée est rude et parfois abrupte. Le roc, presque nu au début, se métamorphose peu à peu, vers le sommet, en une splendide pinède. Un grand escalier donne accès au petit temple coiffant la colline où défilent de nombreux dévots. Nous y croisons de jeunes Hindous d'allure sportive qui y sont montés tôt ce matin et qui rapportent sur leurs épaules les cruches d'eau qui ont servi aux ablutions rituelles. Nous nous déchaussons à l'entrée du temple et gravissons un dernier escalier pour atteindre l'énorme lingam noir devant lequel un fidèle psalmodie des prières tout en y formant un dessin de pétales de tagètes (œillets d'Inde) que l'on vend à l'entrée. Après avoir accompli la marche circulaire rituelle, nous redescendons et croisons, au pied de l'escalier, un vénérable *sadhu* à longs cheveux et barbe blanche qui se laisse photographier. D'autres pèlerins arrivent directement en auto, par une route circulaire que nous n'avions pas vue.

La descente est périlleuse, mais moins dure pour le souffle. Nous sommes ravis de cette expédition qui nous a remis en contact avec un aspect important de la vie indienne qui échappe à la plupart des touristes. L'Inde, c'est la coexistence des contradictions.

Près de notre hôtel, nous photographions deux petites gitanes coquettes portant un bol d'eau sur la tête, avant de retrouver l'inévitable Yussef qui insiste pour que je visite son house-boat où nous logerons au retour du Ladakh. Entre-temps, nous changeons de chambre pour la deuxième fois, descendant chaque fois d'un cran dans le confort. Plus de ventilateur, plus de divan, plus de cabinet de toilette et la douche fonctionne mal.

Déception au bureau d'Indian Airlines: on ne peut confirmer nos billets d'avion pour le retour du Ladakh. Je vais voir le directeur, lui présente un document du Tourist Office, mais rien n'y fait. Un jeune homme m'offre de faire valider mon billet contre *bakschish* (pot-de-vin), mais cela me répugne et je n'ai pas confiance.

Nous allons nous refaire une raison dans le jardin si accueillant du restaurant Tao, puis nous passons l'après-midi à flâner, car il fait terriblement chaud. Descendant prendre un verre de bière au bar miteux, presque clandestin, du Reception Center, nous y faisons la rencontre d'un fonctionnaire du centre, Ahmed, qui nous aborde en nous offrant, à Yolande et à moi, une rose, nous saluant d'un *"Good luck to you"*. C'est un personnage exhubérant très pittoresque. Il viendra à notre chambre en fin de soirée nous porter des lettre d'introduction et de la documentation sur le Ladakh.

Nous allons dîner au restaurant Capri, de type cabaret un peu prétentieux, qui paraît assez fréquenté. Poulet *tandoori* et (surprise!) des fraises fraîches du Cachemire à la crème, parfumées comme des fraises des champs.

III

Au cœur de l'Himâlaya: le Ladakh

20 septembre

Départ enfin pour le Ladakh. Des milliers de corbeaux se sont perchés dans les arbres: un véritable orchestre électronique. Yolande a aussi identifié le hululement d'un épervier, commun dans cette région.

Petit déjeuner au *tea stall* dans la rue pendant que nous attendons l'autocar. Thé délicieux aromatisé au gingembre et à la cardamome. Nous revoyons les jeunes Français qui manquaient d'argent. Ils ont réglé ce problème et sont contents de quitter le Cachemire qu'ils n'ont pas aimé; mais ils ont beaucoup aimé le Ladakh.

Nous partons tout en calme et en douceur, avec une bonne heure de retard. À l'exception de deux Indiens, il n'y a dans l'autocar que des étrangers, jeunes pour la plupart.

Nous traversons d'abord Srinagar par des rues étroites bordées de maisons de briques, et de bois, portes et fenêtres sculptées. Y apparaissent parfois des femmes qui ont la pause des miniatures mogoles et persanes.

À la sortie de la ville, nous traversons des vergers et des champs de cultures diverses. Lieu de calme et de beauté. Les house-boats dorment encore sur les canaux, bien au-delà de Srinagar. C'est une belle vallée où poussent riz et maïs. Des femmes aux saris éclatants, rouge, vert, orange, sont déjà occupées dans les rizières à couper les tiges de riz ou à faire la lessive, accroupies sur une pierre au bord de la rivière. Tout est vert malgré la saison avancée. Des arbustes à grosses fleurs rouges parsèment ce paysage découpé par les nombreux canaux qui irriguent les rizières et les champs de cultures.

Peu à peu, le paysage se transforme. Des pics enneigés se profilent à l'horizon. Nous sommes dans la vallée du Sindh, un fleuve puissant, capricieux, cascadeur, qui creuse dans le roc des ravins profonds aux géométries rocheuses où les jeux des ombres et de la lumière font apparaître des mosquées et des châteaux empruntant, assez curieusement, le style architectural du pays.

La route est étroite, tortueuse et en mauvais état. Les rencontres sont nombreuses et hasardeuses, mais la patience des chauffeurs de ces autocars et camions est incroyable. Nous nous élevons progressivement jusqu'à une altitude de 3 529 mètres, pour atteindre la passe Zoji-la. Là prend sa source la rivière Dras, que nous longerons pendant une journée. De petits villages de terre se succèdent irrégulièrement, parfois dominant la route, parfois postés au fond de vallées découpées de champs bien délimités et fraîchement récoltés.

Puis nous entrons dans un chevauchement de pics spectaculaires des plus impressionnants. Une route en corniche suspendue audessus du vide contourne la montagne. Le ruban du fleuve apparaît parfois très loin, au fond d'un défilé. Le nombre des camions et des autocars qui y circulent est surprenant et les rencontres provoquent des «ho!» et des «ha!» d'émotion chez les passagers, les deux véhicules se frôlant presque parfois, tandis que le pilote crie ses instructions au chauffeur, comme les versets répétés d'une complainte: «*Chelo! Chelo!*». Nous faisons «ouf!», après chaque passage, mais ça recommence deux minutes plus tard. Il arrive que quatre ou cinq véhicules se succèdent dans une seule rencontre. Un camion d'un convoi militaire que nous suivons, dans une pente particulièrement raide et étroite, s'essoufle et bloque la route pendant une heure.

Kargil dans le noir

Quelques arrêts de 10 minutes le long de la route pour une tasse de thé, puis nous arrivons à Kargil à la nuit tombante, avec 2 heures de retard. Nos sacs sont projetés dans la poussière du terminus.

Les rabatteurs des hôtels se précipitent vers nous et nous choisissons au hasard une chambre à l'International Hotel. Rien de très spectaculaire, ni de très internationnal, mais une salle de bains avec eau courante et deux lits suffisamment propres, sinon confortables, pour y poser nos sacs de couchage. Mauvais repas chez Babou Chinese Food, en compagnie de deux jeunes Français qui font du *trekking*. Nous ne voyons pas grand-chose de cette ville, puisque arrivés dans le noir, nous repartirons dans le noir, à 5 h, le matin.

21 septembre

Au lever, à 4 h, il n'y a plus ni eau courante, ni électricité. Le transformateur s'arrête à 11 h. Nous trouvons notre chemin à la lampe de poche et devons monter nous-mêmes nos sacs à dos sur le toit de l'autocar.

Nous roulons d'abord dans la nuit. Toujours la montagne, toujours les routes en corniche avec des virages en épingle. Terre de roc et de poussière. Quelques buissons fleuris, roses ou blancs. Nous traversons un paysage plein de fraîcheur où poussent trembles et peupliers, en contrebas de la route. C'est une oasis peuplée de maisons basses en pisé ou en briques non cuites, dont les toits plats sont recouverts de bottes de fourrage fraîchement récolté. Puis nous entrons dans un cirque de montagnes d'une splendeur incomparable, dominant un puissant cours d'eau qui s'enfle de rapides et d'un ruban de cascades entre les rochers pour déboucher dans des vallées où se dressent des tumulus de *manis*, pierres portant l'inscription *«Om Mani Padme Hum»* rassemblées en tas ou formant des murets autour des champs.

Un immense bouddha sculpté dans le roc annonce sans doute le célèbre monastère de Lamayuru qui apparaît bientôt de loin dans les montagnes. Image féerique qu'un virage efface et qu'un autre rétablit. Nous y ferons un arrêt imprévu grâce à un arrangement ingénieux d'un de nos compagnons cachemiris. Nous donnons chacun 20 roupies au chauffeur et il autorise un arrêt d'une heure pour visiter le monastère, à partir d'un *tea stall* le long de la route.

Lamayuru: la toilette des bouddhas

Nous y descendons par une pente abrupte. C'est un monastère construit au Xe siècle par Rinchen Zangbo. Des cinq bâtiments originaux, seul subsiste aujourd'hui l'édifice central érigé à flanc de montagne. Il rappelle certains monastères du mont Athos, en Grèce. Un vieux moine en guenilles et une centenaire toute plissée quêtent à l'entrée. Deux autres gros moines, montre au poignet, nous dirigent et perçoivent les 10 roupies de droit d'entrée.

Les brillantes peintures extérieures ont été rafraîchies, de même que le portail et les chapiteaux. À l'intérieur, une multitude d'oriflammes et de *thankas* sont suspendus au plafond. Un vieux moine débonnaire égrène son chapelet et se laisse photographier sans protester. Un autre moine, aidé d'un moinillon portant une lampe frontale, s'affaire à nettoyer les statues de l'autel et à changer leurs somptueux brocarts.

Un mandala, formé uniquement de petits carrés de couleurs, désigne le siège de l'abbé du monastère, étant en quelque sorte sa «signature».

On se prend à rêver au magnifique spectacle que devait offrir ce monastère où vivaient plusieurs centaines de moines au moment de sa gloire. Il n'en reste plus qu'une dizaine aujourd'hui et l'accueil des visiteurs semble occuper une place importante dans leurs occupations.

À l'extérieur, une forêt de stupas suggère le foisonnement original de cet immense complexe. En remontant la pente vers l'autobus, nous sentons pour la première fois le poids de l'altitude.

Prochain arrêt à Khalsi où nous prenons enfin un bon repas avec des amis de voyage: *dhal* et riz avec chou aux tomates et au curry. Toilettes rudimentaires et malpropres en bordure de la route.

Puis nous reprenons la route, désertique cette fois, entre des montagnes de sable et de pierres, des immenses boulders évoquant des animaux fantastiques, ou des pierres étonnamment lisses comme si elles avaient été traitées à un feu puissant. Un éclatement de rocher sous l'effet d'une fabuleuse explosion.

Nous voyons de plus en plus de cantonnements militaires et devons même faire un arrêt obligatoire à un poste de contrôle. La dernière étape de cet exténuant trajet de 12 heures est parsemée de rencontres à hauts risques avec des véhicules venant en direction opposée. Sur une distance de quelques kilomètres seulement, nous voyons avec appréhension un camion citerne abîmé dans la rivière et deux autres camions renversés en contrebas de la route.

Enfin, Leh! D'importants cours d'eau justifient l'existence de cette capitale à 3 554 mètres d'altitude. L'entrée dans la ville par la route des baraquements militaires et de l'aéroport n'est pas très spectaculaire. Notre autocar, trop large pour les rues étroites, atteint péniblement la place centrale où nous attendent plusieurs représentants d'hôtels ou de pensions de famille. La personne qu'on nous avait recommandée ne s'étant pas présentée, nous nous laissons charmer par l'apparence d'une belle Ladakhie qui nous dit revenir de l'école où elle enseigne. Nous la suivons. Une dizaine de minutes de marche, en descente heureusement, et nous sommes chez elle, au Lung Snon Guest House, un peu en marge de la ville. Une jolie maison de pisé aux boiseries peintes. Elle loue les cinq pièces à l'étage qui lui servent de quartier d'hiver. Nous aurons une grande chambre ensoleillée, avec les commodités rustiques d'usage au pays. Le plafond est fait de bambous tendus sur des poutres rondes non traitées. Un paillis complète la toiture. Il y a l'électricité et l'eau courante dans la salle de bains. Quant aux toilettes, elle ont gardé la simplicité millénaire: un trou dans le plancher et un tas de terre avec pelle pour recouvrir les excréments.

De notre chambre, nous avons une large vue de la chaîne de montagnes Zanskar de l'Himâlaya.

La cuisine de Dolma

Une grande cuisine occupe la partie principale de la maison. Au centre, un poêle orné de métal blanc; sur les étagères du mur, une collection de vaisselle et d'ustensiles en cuivre et en acier inoxydable. On s'assoit sur une banquette recouverte de tapis devant de petites tables basses et le thé nous est servi. Notre hôtesse Dolma est d'une grande gentillesse et maîtrise assez bien l'anglais. La maison possède un petit jardin que longe un ruisseau. Autour, des champs de cultures où paissent des *dzos* tranquilles.

Au repas du soir, plat de nouilles aux légumes et laitage aux pommes. Nous rencontrons trois autres chambreurs, un couple de jeunes Anglais et un Irlandais qu'exaltent la visite des *gompas* et la rencontre des moines. Première tasse de thé ladakhi, c'est-à-dire salé et additionné de beurre. Nous nous couchons épuisés, après nous être lavés à l'eau froide.

22 septembre

Il fait très beau, même si le matin est un peu frisquet. Dans la cuisine à 7 h, Dolma est déjà occupée à faire le feu qu'elle attise avec un soufflet pour cuire son pain. Nous y rencontrons son mari et un oncle, artiste peintre qui rafraîchit les fresques des grands monastères. Nous assistons à la confection du pain, sorte de galette de blé complet assez épaisse et qui gonfle à la cuisson. À genoux près de la porte du poêle, Dolma forme des boulettes dans une pâte qui a levé au cours de la nuit, les arrondit entre ses paumes, les aplatit en les lançant d'une main à l'autre, puis elle les fait cuire sur une grande pierre plate, après quoi elle les tient quelques instants directement dans l'âtre pour terminer leur cuisson. Nous mangeons deux de ces galettes toutes chaudes et odorantes, avec du beurre, de la gelée de pomme et du thé.

Le mari, qui aide à l'entretien du feu, prépare également le thé au beurre dans une haute baratte en bois cerclée de cuivre, après avoir déposé une petite coupe de beurre fondu sur le poêle, une offrande aux divinités.

Nous montons ensuite à la ville par une route séparant deux champs où des groupes d'hommes et de femmes coupent le foin en chantant. Nous croisons sept ou huit femmes ployant sous une charge d'énormes bottes de fourrage; elles chantent elles aussi. Nous nous arrêtons au marché tibétain en plein air, mais ce sont plutôt des Bhoutanais qui y vendent des bijoux en argent ornés de pierres.

Au bureau d'information touristique, nous rencontrons deux Américains, Kari et Bob Souva, qui nous proposent de partager avec eux le coût d'un voyage en taxi aux trois importants monastères de Likir, de Rizong et d'Alchi. Nous prenons rendez-vous pour le lendemain.

Inutile arrêt au bureau d'Indian Airlines, dans la cohue suffocante d'un petit local bondé, pour apprendre qu'on ne peut confirmer son billet d'avion que deux jours avant le départ. Nous y rencontrons deux infirmières, une Belge et une Hollandaise travaillant en Suisse. Nous les accompagnons au restaurant Dreamland, rendez-vous des voyageurs. Grosse soupe de viande et de nouilles et des *kothays* (ravioli tibétains). Nous nous rendons ensuite tous les quatre aux confins de la ville, au-delà d'un marché populaire crasseux, pour réserver nos passages de retour par autocar pour le 28 septembre. Il faudra y retourner la veille pour confirmer et payer les billets. Toujours cette manie bureaucratique énervante qui nous fait perdre beaucoup de temps.

Nous revenons par le marché et par de petites rues où se succèdent boutiques, échoppes et ateliers ouverts sur la rue. Un marchand de bijoux devant s'absenter nous laisse seuls à son comptoir pendant une quinzaine de minutes, sans plus s'inquiéter. Nous croisons plusieurs femmes en vêtements traditionnels très pittoresques, les plus âgées portant une coiffe de feutre à cornettes hautes en couleur. Une grand-mère portant un bébé dans son dos fait tourner un moulin à prières dans sa main droite.

Nous revenons à la pension, la tête lourde, ne nous étant pas encore acclimatés à l'altitude. Bon souper: ravioli aux légumes appelés *momas* et ressemblant aux *daozés* chinois.

23 septembre
Trois gompas et quelques moines

C'est aujourd'hui la tournée de trois *gompas* en taxi, avec Kari et Bob. D'abord Likir, impressionnante forteresse à flanc de montagne qui évoque une fois de plus certains monastères-forteresses du mont Athos. Un jeune moine de 14 ans, mais paraissant beaucoup plus jeune, nous guide et nous fait la lecture à haute voix d'un texte tibétain, à la façon traditionnelle. Nous l'enregistrons et il est tout ébahi ensuite d'entendre sa voix. Plus tard, il demandera à un moine plus âgé de psalmodier une prière avec lui, pour le plaisir d'être enregistré.

Fondé en 1115, Likir est l'un des plus anciens monastères du Ladakh, situé dans un spectaculaire panorama de montagnes. Une trentaine de jeunes moines y étudient. Le porche est orné d'immenses fresques assez bien conservées représentant les gardiens des quatre directions et une splendide «roue de la vie», soit le cycle des différents états que l'homme doit traverser.

Une multitude de *thankas* (bannières religieuses tibétaines) sont suspendus dans la salle du culte qui abrite trois immenses statues figurant Kanakamuni, le Bouddha de l'ère précédente, Sakyamuni, le Bouddha de l'ère présente, et Maitreya, le Bouddha futur. Ils sont encadrés de très beaux *chörtens* (tours coniques représentant les cinq éléments correspondant aux cinq mondes) d'argent ornés de pierres précieuses, et de mandalas (dessins géométriques concentriques qui servent de support à la méditation). Les banquettes où prennent place les moines, assis sur de gros coussins pour les cérémonies, sont disposées en rangées, perpendiculairement à l'autel où est placée une grosse lampe alimentée au beurre. Devant chaque place, une clochette rituelle *(rilbu)* qui symbolise le principe réceptif, et un *dorje* (le «foudre-diamant» fait de deux lobes vides sculptés) qui symbolise le principe actif. Un immense gong est placé à l'avant de la salle et deux autres à l'arrière. Sur les murs sont reproduits les diverses déités tantriques, tantôt sous leur forme terrible, tantôt sous forme de *«yab-yum»*, c'est-à-dire de l'union sexuelle d'un bouddha et de sa parèdre *(dâkinî)*. Des bibliothèques de livres canoniques écrits sur des feuilles de papier de riz pressées entre deux plaquettes de bois et enveloppées dans une pièce de tissu occupent les murs de chaque côté de l'autel. Les livres sont en ce pays tellement vénérés qu'il est recommandé de ne jamais déposer un livre ou un écrit par terre en présence d'un Ladakhi.

Nous visitons une autre salle aux murs recouverts de fresques représentant encore des déités tantriques sous toutes leurs formes et des mandalas. L'iconographie du lamaïsme est d'une abondance et d'une complexité incroyables.

Dans la cour, un groupe de moines assis par terre jouent aux dés et quelques moinillons placés face-à-face dans un coin répètent leurs leçons en se balançant le corps.

Station suivante, le *gompa* de Ridzong que nous atteignons par un sentier qui passe devant un couvent et mène à une pente abrupte de 2 kilomètres. L'édifice, tout de façade, occupe le centre d'un cirque de montagnes d'un effet stupéfiant. Le monastère, qui abrite une cinquantaine de moines, a été fondé en 1841 et ses fresques sont très bien conservées.

Au centre de l'autel de la salle principale trône une statue géante de Sakyamuni, encadrée par les représentations d'un Avalokiteshvara aux mille bras, du réformateur Tsongkapa et d'Amitabha. Les pilliers portent une collection de *thankas* très anciens.

Une seconde salle comporte aussi des statues de Sakyamuni dans la pose des cinq mudras (gestes canoniques du Bouddha), de gigantesques images de Maitreya et deux beaux *chörtens* dits «de l'illumination». Les fresques murales retracent la vie légendaire du Bouddha et l'une d'elles représente un Avalokiteshvara aux onze visages étagés.

Nous visitons ensuite la cuisine où de gros chaudrons sont disposés sur des cuisinières rudimentaires. Des étagères portent une collection d'ustensiles. Quelques moinillons délurés nous suivent partout et nous accompagnent même jusqu'à la route en dégringolant jusqu'au bas de la pente de sable où se dresse un imposant tumulus de pierres *manis*. Ces enfants sont placés très jeunes au monastère pour y être éduqués.

Nous n'avons à manger que quelques biscuits que nous partageons avec Kari et Bob en nous rendant à Alchi, notre troisième *gompa* de la journée. Contrairement aux deux autres, le monastère apparaît de loin sur la route, se détachant de la montagne. Ses abords sont plus discrets, mais il contient une collection de peintures murales d'une beauté exceptionnelle.

Trois des murs du bâtiment principal sont occupés par des statues hautes de quatre mètres de boddhisattvas dont le corps est recouvert de milliers de petits bouddhas peints qui créent un effet de kaléidoscope saisissant. Au centre, un *chörten,* dont le sommet est entouré de splendides peintures de mandalas, perce les deux étages supérieurs. Malheureusement, le mauvais éclairage de la salle rend difficile la contemplation de ces chefs-d'œuvre.

Une autre salle, dite «du Traducteur» par allusion à Padmasambhava, pourrait être qualifiée de salle des mandalas, ses murs étant recouverts de mandalas de grande taille dédiés à Amitaba, Avalokiteshvara, Amitabhu et à la terrifiante Mahakala. Sur l'autel sont disposées des statues du Grand Bâtisseur, Rinchen Zangpo, de Sakyamuni et d'Avalokisteshvara.

Un temple dédié à Manjushri contient quatre immenses statues postées aux quatre points cardinaux, les quatre dhyani-Bouddhas représentant l'omniprésence de la sagesse transcendantale. Le porche est surmonté d'une sculpture sur bois de Maitreya.

Encore émerveillés par toutes ces œuvres d'art et frappés pardessus tout par la sérénité et la beauté de l'environnement de ces *gompas* intégrés à l'austère paysage himâlayen, nous revenons à Leh, nous arrêtant au Numra Bar au passage pour prendre une bière bien méritée.

Il y a panne d'électricité à la pension. Nous prenons à la chandelle un repas léger: riz, pommes de terre, dalh et crème anglaise à laquelle on a ajouté des bananes fournies par un pensionnaire. Il y a quelques nouveaux venus et nous goûtons, en leur compagnie, au fameux *chang,* alcool léger fait d'orge et de mil assaisonné de poivre et de sucre. Couleur verte, goût un peu âcre, pas très agréable pour les néophytes que nous sommes. Chaque famille ladakhie en fabrique pour son usage.

Nous inscrivant au livre de la pension, nous remarquons que nous sommes les visiteurs les plus âgés à y être passés. La plupart sont dans la vingtaine, sauf un qui a 39 ans.

Nous faisons notre toilette avec un seau d'eau bouillante qu'on obtient sur demande et nous nous installons pour regarder les étoiles de la fenêtre de notre chambre; mais l'électricité revient et gâche le spectacle.

24 septembre
Le chant des paysans

Rien ne nous presse ce matin. Nous prenons le petit déjeuner au soleil, dans notre chambre. Nous rédigeons notre journal et Yolande va dans les champs enregistrer le chant des paysans qui coupent le blé à la faucille.

Avant de retrouver les Souva au Dreamland, nous achetons un petit tambour rituel au marché tibétain.

Après le lunch avec Kari et Bob, nous louons une auto pour le lendemain et allons visiter le centre écologique qui semble faire du bon travail pour aider les Ladakhis à s'adapter à leurs nouvelles conditions de vie créées par une plus grande intervention de l'Inde.

Nous montons ensuite vers le palais, cette forteresse aveugle coiffant la colline. Une employée du Tourist Office que nous croisons en route nous demande de la photographier. À mi-chemin, un jeune garçon offre de nous guider. Nous pénétrons d'abord dans un *gompa* aux murs couverts de fresques, puis dans le palais lui-même. Nous devons suivre un dédale encombré de débris pour atteindre une salle de culte vétuste où figure une impressionnante statue de la déesse Kali. Le garçon montre au moine qui nous a ouvert la porte une photo de pin-up qui semble les amuser. Il nous la montre par la suite en disant: «Ce n'est pas Bouddha» et offre de nous la donner.

Nous redescendons par les ruelles et impasses malpropres de la vieille cité qui évoque les cités médiévales ramassées sur elles-mêmes. Quelques animaux y sont parqués dans de minuscules enclos rattachés aux maisons. Plus loin, une vache et un buffle bloquent complètement l'étroit passage.

Après quelques menus achats, retour à notre pension pour un repas typiquement ladakhi, un mélange de légumes et de petites pâtes à base d'orge qui ressemblent à des fèves. C'est le menu quotidien quand il n'y a pas d'invités. Pour les invités, on ajoute autre chose nous confie en riant Norzoum, la jeune serveuse qui a l'habitude de répéter à chaque plat: «C'est ladhaki.» Elle joue l'espiègle et répète tous les mots étrangers qu'elle attrape. «Qui voudrait-elle épouser?» lui demande-t-on. «Un Ladakhi», répond-elle. Elle vit avec sa mère qui est très vieille, prétend-elle, parce qu'elle a les cheveux blancs. Mais elle ignore son âge.

25 septembre

Lever à 5 h 30 et départ à 7 h dans l'air froid du matin, pour la visite avec nos amis de trois *gompas* parmi les plus importants. Les montagnes enneigées se découpent sur un ciel uniformément bleu.

Rituel matinal à Thiksey

Le taxi nous conduit d'abord au *gompa* de Thiksey, imposante structure dominant une colline rocheuse au milieu des champs, à 20 kilomètres de Leh. La cour intérieure est décorée de belles fresques représentant Sakyamuni, Sariputra, Maudalayana, Padma Sambhava et Tsangkapa, entourés des «16 arhats» et des «4 gardiens». Puis, l'œil est attiré par une superbe «roue de la vie» illuminant le vestibule de la grande salle du culte, ainsi que par des représentations des 4 gardiens et du trio Manjushri, Avalokiteshvara et Vajrapani.

Les fresques de l'intérieur reproduisent avec une extraordinaire énergie les divinités tantriques sous leurs formes effrayantes ou en union extatique *(yab-yum):* Durkar aux mille membres, Yamantaka aux 9 visages et les 36 images de Sakyamuni. Des mandalas, également, de la Tara rouge, entourée de ses 20 autres formes, et les terribles Mahakala, Mahakali, Kalarupa et Jigshet, ainsi que plusieurs *dâkinîs* (déités tantriques secondaires).

À peine a-t-on terminé l'examen des fresques et de quelques beaux *thankas* que le gong résonne, invitant les moines à la cérémonie matinale.

Ils arrivent un à un, drapés d'une robe rouge foncé, foulard de même couleur au cou, se prosternent jusqu'au sol et prennent place sur les banquettes. Un grand moine vêtu d'une sorte de chape brunâtre encense les moines les uns après les autres. Quelques moinillons transportent difficilement d'énormes récipients de thé au beurre qu'ils distribueront pendant la cérémonie, en en renversant parfois gauchement sur le plancher. La prière commence par un long marmonnement sourd qui monte et redescend comme l'ondulation des vagues, repris par la suite sur un ton plus élevé par les jeunes novices.

Pause pour la distribution du thé au beurre auquel chaque moine mêle une poignée de *tsampa* (orge grillée et moulue) en touillant avec le doigt, puis la psalmodie reprend, comme une litanie cette fois, énumérant les noms et les caractéristiques des déités tantriques. Des moinillons se poussent du coude et s'amusent discrètement entre eux, tout en poursuivant leur récitation monotone; mais on sent que la chose importante ici n'est pas tellement l'attitude recueillie que le son même des paroles qu'ils répètent et dont ils s'imprègnent mentalement malgré eux.

Cela durera pendant des heures. Nous passons à un oratoire voisin: un moine seul y accomplit un rituel en accompagnant sa récitation d'un texte sacré qu'il tient en main au son des cymbales et du tambour, s'interrompant pour nous dire les noms des déités présentes. Il verse, à intervalles réguliers, quelques gouttes d'huile dans une petite lampe posée devant lui, près de l'eau, des fleurs et de l'encens qui constituent les autres éléments de la *puja* tantrique. Dans un deuxième oratoire, la *puja* se déroule devant des déités terrifiantes de la famille de Mahakali qui ont la figure voilée et qui sont représentées par des masques liturgiques placés à leurs côtés.

Un nouveau temple dédié à Maitreya a été édifié autour d'un gigantesque bouddha qui en occupe les trois étages. Les fresques des murs y sont encore d'une éclatante fraîcheur, mais elles reprennent rigoureusement l'iconographie traditionnelle.

Une terrasse sur le toit offre un vaste panorama d'eau et de verdure, véritable oasis dans ce pays de désolation.

Nous descendons à pied jusqu'à la route, longeant des murs de *manis* comme il y en a un peu partout dans la campagne et prenons un thé au troquet de la place. Puis nous reprenons notre taxi vers Hémis, un *gompa* perdu dans l'immensité désertique.

Hémis: les chörtens d'argent

Une grande stupa blanche dresse sa flèche dans un ciel turquoise, de la couleur de la pierre que l'on retrouve ici sur les *chörtens* précieux et au cou des femmes. Le monastère compte le plus grand nombre de moines et son autorité s'étend à quelque 500 moines répartis dans plusieurs *gompas*. Il est entouré d'une petite forêt de peupliers qui adoucit la rudesse du roc auquel il est adossé. Ainsi plaqué sur la montagne, il n'a pas l'altière prestance de Thiksey. Dans la cour, on trouve une série de petits tableaux du XVIIe siècle, époque de la construction du monastère, retraçant des épisodes de la vie des grands maîtres (Milarepa en méditation, Marpa labourant, etc.) et quelques scènes de la vie quotidienne qui ont toute la saveur et la simplicité des œuvres du Moyen Âge occidental. Ici encore une belle «roue de la vie» orne le vestibule où sont aussi reproduites des figures colossales des «gardiens des quatre directions» et des «huit symboles des qualités de la connaissance éveillée».

La grande salle du culte est entourée de magnifiques fresques d'origine dont plusieurs à figuration *yab-yum*. À l'arrière, figure une série de peintures récentes dans le style des fresques classiques. Dès notre entrée dans la salle, un jeune moine s'installe et exécute un rituel express, évidemment à notre intention, avec tambour, clochettes et cymbales.

La salle médiane, remarquable par la finesse du travail sur le bois des colonnes et de leurs chapiteaux, abrite un immense *chörten* en argent incrusté de turquoise et une imposante statue du Bouddha en cuivre recouverte de feuilles d'or. Il est entouré de cinq *chörtens* en argent et de statues en cuivre, en argent doré et en bois, de la Tara blanche, des 5e et 6e Dugchen Rimpoche, d'un Avalokiteshvara classique à deux bras, d'Amitayüs, le bodhisattva «de la vie infinie», et des maîtres Gampopa et Padma Sambhava. L'un des murs est occupé par la bibliothèque et un autre par les images de Stagsang Raspa 1er, dans la robe blanche des yogis et des mille Bouddhas. Une autre pièce qui sert également de bibliothèque est dédiée spécifiquement au traducteur Padma Sambhava.

Un vaste fauteuil qui fait penser à un trône chinois occupe une grande partie de la salle d'audience du maître Tungsey Rimpoche qui a redonné vie au monastère. Un dais de soie, où est brodé le couple des dragons «gardiens du trésor de la connaissance», est suspendu au plafond.

Comme la plupart des monastères, Hémis fait penser à un labyrinthe où des salles réparties à des niveaux différents sont reliées entre elles par des passages extérieurs ou des escaliers où l'on se perd assez facilement, un peu comme si on avait construit les pièces les unes sur les autres à mesure que le besoin s'en faisait sentir.

La plupart des monastères sont par ailleurs poussiéreux et vétustes, y compris les nombreux *thankas*, souvent magnifiques et très anciens, qui sont suspendus en grand nombre dans les temples. C'est justement à des fins de restauration que les visiteurs sont maintenant priés de payer des droits d'entrée, généralement 10 roupies (un dollar).

À la sortie, nous achetons un calendrier tibétain en métal et mangeons quelques biscuits avec du thé et du jus de pomme. Au retour, nous laissons nos amis à Thiksey et poursuivons seuls vers Shey, croisant des troupeaux de chèvres et de moutons avec leurs gardiens et traversant un camp de réfugiés tibétains où l'on a érigé un petit château pour le Dalai Lama qui y fait un séjour annuel.

Shey: la salle du yab-yum

Shey était une forteresse-monastère. Du château, il ne reste qu'un imposant mur en ruine. Gravures rupestres sur d'immenses rochers. Une pente raide donne accès au monastère. Nous y visitons deux salles dont l'une, où nous n'avons pas besoin de nous déchausser parce qu'elle n'est plus vouée au culte, pourrait être appelée la salle du *yab-yum,* presque toutes les fresques y étant consacrées à la représentation de l'union extatique entre des dhyani-Bouddhas et des *dâkinîs* de différentes couleurs et parfois à plusieurs têtes. Les pieds des divinités extatiques écrasent des couples humains enlacés. Même les mandalas sont ici sous le signe du *yab-yum* qui y apparaît soit au centre, soit aux quatre coins.

Les fresques sont anciennes et parfois difficiles à déchiffrer; de plus, il faut les éclairer à la lampe de poche. La salle contient également une belle sculpture de Kali et de son parèdre.

La deuxième salle est un temple dédié à Sakyamuni et abrite un Bouddha en cuivre doré à la feuille de neuf mètres de haut créé en 1633 par un artiste népalais. Il occupe les deux étages de l'édifice. Les murs portent de très belles fresques d'origine dont deux mandalas et une figuration des mille Bouddhas.

Sur l'autel figurent Avalokiteshvara, Sanggye Menla, le Bouddha de la médecine, et le premier abbé, Tsewang Nurbu.

Dans la campagne environnante s'élèvent des centaines de *chörtens* rongés par le temps. De la terrasse du monastère, on domine une vaste oasis de pièces d'eau, de verdure et de maisons, parcelle de terre échappée du désert qui se prolonge jusqu'aux montagnes.

En bas de la colline se déroule une fête célébrant la fondation d'un nouveau temple. Attirés par la musique, nous y arrivons juste à temps pour rencontrer, à la sortie, un groupe de beautés locales dans leurs somptueux vêtements de brocart.

Sur la route du retour, nous faisons monter deux jeunes Américaines qui faisaient la route à pied, tête nue sous un soleil brûlant. Elles rentrent avec nous à Leh et nous allons prendre un lunch au Dreamland. Nous y rencontrons un grand blond hollandais qui ambitionne de faire du journalisme et un attaché du consulat péruvien à New Delhi en compagnie de sa femme. Pince-sans-rire, il chasse une mouche avec le menu et déclare, l'air sombre: «Je suis un tueur de mouches elle ne reviendra pas.» Nous parlons de voyages avec eux et ils nous invitent à les contacter à Delhi.

26 septembre

C'est jour de repos aujourd'hui. Nous traînons au lit et prenons le petit déjeuner au soleil, dans notre chambre. Yolande fait la lessive en plein air dans un seau qu'elle vide ensuite dans le ruisseau qui coule devant la maison. Petite promenade agréable dans l'air frais du matin. Deux ânes bloquent un moment le sentier qui mène à la route. Un peu plus bas que la maison où nous habitons, nous découvrons une petite école vraiment minable que nous comparons au luxe de biens et de services offerts aux enfants de nos pays qui n'en sont pas toujours conscients.

À l'Indian Air Line, on nous apprend que nous sommes les 77e et 78e sur la liste d'attente. Nous reprendrons donc encore l'autocar pour le retour à Srinagar.

La stupa de Champsa

Ayant appris, au cours d'une conversation au Dreamland entre deux missionnaires américains qui s'en vont en Chine et un professeur allemand, qu'il existe à Champsa, à la périphérie de Leh, un monument reproduisant un mandala en trois dimensions comme celui de Borobudur à Java, nous décidons de nous y rendre. De loin, sur la route apparaît la forme imprécise de l'impressionnant monument. Nous poursuivons dans sa direction jusqu'à un ruisseau dont le cours est perpendiculaire à la stupa. Le ruisseau nous amène dans un pâturage, puis dans des champs légèrement inondés, pour arriver finalement au pied du monument qui est en voie de restauration; mais ce qui reste de la structure est assez impressionnant pour nous permettre de saisir la majesté de l'œuvre.

Nous revenons à la route, fiers de notre exploit, mais craignons un moment d'être poursuivis par un bœuf et un dzo. L'excitation de deux ânes cherchant l'accouplement crée aussi un certain émoi; mais ce sont là des bêtes paisibles. Notre route de retour longe des champs en étages étayés par des murets de pierres. Verdure, cours d'eau, une campagne rafraîchissante qui nous change de la poussière et des laideurs de Leh dont les quelques rues sont encombrées et où le passage des camions couvre les passants de poussière ou les enveloppe d'une fumée nauséabonde.

Heureusement qu'il y a la gentillesse des habitants et la beauté des femmes en robe noire ou brune, selon qu'elles sont mariées ou non, avec ceinturon de couleur et foulard de soie. Dans la route qui descend vers notre pension, on rencontre surtout des vaches, des chèvres et des moutons.

Un vent froid s'est levé et nous avons froid. Une fois de plus ce soir, il y a panne d'électricité et les frites que Norzoum nous avait promises au dîner se sont transformées en purée aux oignons. L'une des pensionnaires souffre d'une mauvaise diarrhée et le médecin lui a prescrit des antibiotiques. Nous nous croisons les doigts, car nous buvons tous de l'eau de source que Norzoum va chercher pour nous tous les jours.

27 septembre
L'oracle de Saboo

Nous rencontrons Kari et Bob pour aller rendre visite à l'«oracle» du village de Saboo. Il en existe dans plusieurs villages du Ladakh. On appelle ainsi les guérisseurs ou guérisseuses qui suscitent une grande ferveur populaire.

Après discussions multiples avec des chauffeurs de taxis entêtés, nous louons une jeep pour nous rendre au petit village, à moins d'une heure de route de Leh. Nous devons escalader un muret de pierres et traverser un jardin pour atteindre une maison située un peu à l'écart de la route. On nous introduit, en compagnie d'un cinéaste danois et de sa femme, dans un petit salon propre et vieillot qui rappelle nos anciens salons de campagne avec des broderies sur le dossier des fauteuils.

Après une longue attente, nous sommes conduits dans une salle obscure déjà remplie de gens, des Ladakhis pour la plupart, mais aussi quelques étrangères pour qui la position assise par terre semble particulièrement inconfortable. Nous parvenons difficilement à nous faire une place, chaque pouce du plancher paraissant occupé. Une ombre de mystère plane sur l'assemblée; on n'entend que des chuchotements. L'oracle est déjà là. C'est une femme d'environ soixante ans. On ne la voit que de côté, agenouillée près d'un petit autel où sont déposés les objets du culte et les offrandes pour le rite de la *puja* selon le bouddhisme tibétain. Elle est coiffée d'un chapeau cérémoniel comme en portent les lamas en certaines occasions. Un foulard rouge lui couvre la bouche; ses épaules sont recouvertes d'une collerette en brocart bleu et sa taille est ceinte d'un tablier rouge traditionnel. Elle agite de la main un petit tambour au son perçant et tient entre ses doigts une clochette, un *dorje,* appelé «foudre-diamant» à cause de sa forme, et une fine cuiller à long manche qui lui sert à verser régulièrement de l'huile dans une lampe rituelle. Ayant fait résonner le petit tambour, elle psalmodie sans arrêt en faisant tinter la clochette. Le rythme de ses incantations s'accélère progressivement jusqu'à une sorte de frénésie qui culmine dans un état de transe. Elle se tourne alors vers l'assemblée, moitié parlant, moitié psalmodiant.

Avant chacune de ses interventions, elle fera retentir le petit tambour en l'agitant de la main droite. Un premier malade se présente. On lui découvre le ventre et elle y applique la bouche vigoureusement, après avoir fait vibrer sa langue plusieurs fois comme un serpent attiré par le «centre vital» du malade. Elle presse tellement fort avec sa bouche qu'un assistant doit soutenir le patient pour qu'il ne tombe pas à la renverse. Elle suce le mal et le crache dans un petit bocal d'eau. Dans d'autres cas, elle utilise un long tube extrêmement fin qu'elle applique à certains points du corps d'où elle tire également la substance «nocive». Elle prononce ensuite quelques paroles et remet à chacun des patients soit une cordelette faite de brins de plusieurs couleurs, soit du riz, soit des graines qui seront garantes de leur guérison.

Dans certains cas, elle répond qu'elle ne peut soigner telle maladie ou remédier à tel état, qu'il faut aller voir le médecin. À un couple indien qui se plaint de la mauvaise conduite de leur fils, elle dit vertement qu'ils vivent «comme des animaux» et non comme des êtres humains.

Pour guérir une blessure, elle fait chauffer à blanc la lame d'un long couteau, la trempe dans l'eau, se la passe sur la langue et souffle sur la blessure. À certains patients, elle ne fait qu'appliquer un gros *dorje* enveloppé dans une pièce de tissu, au cou, aux épaules, au ventre et aux jambes. Elle répond également aux questions qu'on lui soumet. Elle dispose alors des grains de riz sur son petit tambour et paraît y lire la réponse. Elle s'interrompt souvent, comme pour obtenir l'inspiration, ou la faveur de «l'esprit» qui la possède.

À la fin de la séance, elle se promène avec un petit encensoir dans l'assistance, lançant parmi les gens du riz et des graines. Puis, elle retourne à sa place, se recueille; son corps est alors progressivement secoué de convulsions violentes et saccadées. Après un moment, son souffle devient normal et son visage s'apaise, son regard perd sa fixité d'illuminée. Elle enlève lentement sa coiffure et ses vêtements cérémoniels pour redevenir une femme ordinaire. Un témoin nous affirme qu'elle ne se souvient plus de ce qui vient de se passer devant nous.

C'est ainsi que nous avons eu l'occasion d'assister, en ce pays perdu sur le toit du monde, à la manifestation concrète de l'une des rares survivances du chamanisme dans le monde moderne, sous le couvert apparent du lamaïsme.

Après cette séance de guérison, nous allons visiter le palais de Stok, résidence d'été de la veuve du dernier roi. Le château domine un roc qui se dresse au milieu d'une grande étendue de terres de cultures.

Quelques-unes de ses 80 pièces ont été converties en musée et sont ouvertes aux visiteurs. Salle de *thankas* étincelants peints avec des poudres de pierres précieuses dont les couleurs ont gardé toute leur fraîcheur. Elles représentent presque toutes le Bouddha Sakyamuni. Aussi la collection des bijoux de la reine et sa salle de méditation près de la salle où sont conservés les cendres du roi. La chapelle du château se signale par la finesse de ses sculptures et de ses peintures.

Au retour, nous faisons monter un moine édenté dans notre jeep, espérant qu'il ne comprenne pas l'anglais, car nous discutons du poulet tandori que nous nous promettons d'aller manger à l'hôtel Ibex en arrivant à Leh.

Séance de photos à la pension. Dolma, notre hôtesse, a revêtu son costume de mariage, avec son *peyrac,* ornement de tête fait de pierres de turquoise fixées sur une bande de tissu et qui se transmet de génération en génération. Elle porte aussi un beau pendentif en forme de papillon qui lui a été offert par son mari. Des parents en visite avec leurs enfants se rassemblent autour de Dolma pour la photographie.

Les confidences de Dolma

Yolande s'entretient longuement avec Dolma et apprend qu'elle a 32 ans, qu'elle porte un diaphragme comme moyen contraceptif, qu'elle a trois enfants dont l'un étudie à Srinagar, les deux autres fréquentant une école privée à Leh. Hier soir, les hommes ont fêté en buvant du rhum la naissance d'un enfant dans la famille; le père du bébé ferait partie de l'armée indienne.

Dimanche à Leh, 18 h: les gens occupent la rue où ne circulent que très peu d'autos et de camions. Des vendeurs de fruits et de légumes, de tissus, de vêtements et d'objets divers sont installés sur les trottoirs, car Leh est le grand marché du Ladakh. La lumière tamisée de la fin du jour donne à ce brouhaha général un cachet de nostalgie romantique. Dans la rue du bazar, un diseur de bonne aventure interroge son perroquet qui choisit une enveloppe dans laquelle se trouve le message sollicité.

28 septembre

Nous nous sommes faits à l'idée de reprendre la route de deux jours vers Srinagar. Lever à 4 h 30 pour aller attendre dans la rue la jeep réservée hier soir; mais elle ne vient pas. Nous montons donc à la ville sac au dos et avons la chance d'attraper une autre jeep.

À l'autocar, en plus de Kari et de Bob, nous rencontrons Normand, un jeune Montréalais qui habite près de chez-nous. Il revient d'une longue expédition de *trekking*. L'autocar est plus propre et plus confortable que le précédent. La première partie du voyage est très agréable. Nous revoyons le même paysage, mais sous un jour différent. C'est sûrement l'une des routes les plus hautes et les plus spectaculaires au monde. Aujourd'hui, les montagnes se colorent de gris, de vert et de rose, dominées par les arêtes aiguës des pics enneigés perçant le ciel clair. Nous revoyons Lamayuru, sans nous y arrêter cette fois.

Après des heures d'un paysage rocailleux et désertique, on aperçoit des villages s'accrochant à la montagne au-dessus de vallées fertiles, arrosées par la fonte continuelle des glaciers. À Basgo, c'est une véritable féerie d'anciens palais et de forteresses dressés sur les aspérités du roc, au-dessus de la vallée. D'autres villages se succèdent ainsi.

En panne près du Bouddha géant

Un seul arrêt pour le lunch vers 10 h. Tout va très bien et nous devrions arriver tôt à Kargil; mais le hasard de la route a voulu qu'un camion en panne bloque la route dans les deux sens. Attroupements, discussions, etc. Plusieurs Indiens tentent sans succès de réparer l'essieu du camion.

Pendant ce temps, nous nous rendons à un petit temple le long de la route, le Champa Lha Khang, accoté à un roc sculpté d'un Bouddha géant du premier millénaire. Nous allons aussi rencontrer un groupe de paysans qui séparent le grain du blé de la paille, dans la cour de leur maison. Ils nous expliquent l'opération et semblent très heureux de notre intérêt.

Finalement, après une heure et demie d'attente, un camion militaire parvient à contourner le camion accidenté et tout le monde suit. Nous arriverons encore une fois à Kargil dans le noir.

Même hôtel, l'International, qui nous paraît encore plus malpropre; mais nous n'avons plus le choix et devons repartir à 3 h, demain matin. Bon repas dans un petit restaurant en compagnie de nos amis. Puis nous réussissons à dormir pendant les quelques heures qui nous restent, pour nous lever en pleine nuit, à la lampe de poche, et aller prendre l'autocar le plus vite possible afin de pouvoir franchir la passe de Zo-ji-la avant 7 h.

29 septembre
Il a neigé dans la passe de Zo-ji-La

Nous y sommes à 6 h, mais y restons bloqués jusqu'à 8 h 30, parce qu'il a neigé au cours de la nuit et que la route est encombrée, sur une distance d'un kilomètre, de camions qui n'arrivent pas à démarrer. Au signal du départ, c'est la folie: les chauffeurs reviennent en courant à leur volant et tous les véhicules se lancent en même temps, chacun voulant passer avant les autres. On se frôle dangereusement; mais, au bout de quelques kilomètres, nous atteignons une zone bloquée et devons attendre encore deux heures. Nous sommes à 5 500 mètres d'altitude. Il fait froid. Nous nous promenons sur la route en corniche, le long de la longue file des autocars et des camions immobilisés. Normand va plus avant et voit qu'on tente de réchauffer les conduites d'essence par tous les moyens, chauffant même le réservoir avec des poêles portatifs ou des chalumeaux. Plusieurs démarrent finalement et les autres sont poussés sur le côté de la route.

C'est la longue et spectaculaire traversée de la Zo-ji-la. La neige nouvellement tombée recouvre les pentes des montagnes jusqu'à la route boueuse et dangereusement ravagée. Nous longeons des ravins vertigineux, avec une multitude de virages en épingle hachurant le long ruban que l'on voit se dérouler devant nous à plusieurs niveaux. Finalement, la route débouche sur une vallée rayonnante et nous atteignons Sonamarg où nous nous restaurons dans une rue extraordinairement pittoresque bordée de deux rangées de bicoques et de bouis-bouis délabrés. Des enfants nous proposent des boules de musc. Le soleil nous réchauffe agréablement et nous sommes contents d'avoir terminé cet harassant voyage.

IV

De Jammu à Rishikesh: la bataille des transports

Nous entrons ensuite doucement dans le Cachemire où les champs non encore récoltés sont comme des chevelures d'or au soleil. Nous croisons de grands troupeaux de chèvres et de moutons et même de petits chevreaux. Les familles travaillent aux champs, lient des gerbes d'épis ou dressent des meules de foin. Le long de la route, de petits groupes de nomades marchent derrière des ânes transportant ce qui paraît être toutes leurs possessions: couvertures, vêtements, coussins, paniers, casseroles, etc.

Ce spectacle idyllique cède peu à peu la place à la banlieue de Srinagar. Poussière et vacarme dans l'indescriptible fouillis coloré d'une ville indienne. Nous arrivons au terminus exténués et Yussef est là pour nous accueillir.

Un house-boat à Zero Bridge

Comme prévu, nous nous rendons à son house-boat, à Zero Bridge sur la rivière Jhalum, avec Kari et Bob. Le bateau, qui porte le nom de *Jamaica,* est propre et agréable avec les commodités modernes: toilettes, bain et eau chaude. Le côté rustique de l'intérieur du bateau fait penser à nos chalets d'été. Au dîner, préparé par son père, Yussef parle surtout de lui avec beaucoup de fatuité et fait l'éloge des Cachemiris, faisant très peu de cas des autres Indiens. Il ne faut pas aller en Inde, dit-il: les Indiens sont malhonnêtes et voleurs, etc. Il appartient au groupe de musulmans sunnites et affirme que les shiites sont dangereux, qu'ils tirent sur les gens!

Notre chambre se refroidit à un tel point au cours de la nuit que nous avons du mal à nous réchauffer.

30 septembre

Il fait chaud dès que le soleil paraît. Bon petit déjeuner avec omelette, puis nous flânons un moment au soleil sur le pont supérieur du bateau. Pendant que je vais faire les réservations pour l'autocar et passe au bureau des chemins de fer où je rencontre un Indien qui parle français, Yolande fait une petite lessive et s'entretient avec la mère et les deux sœurs de Yussef. Ashika, la plus jeune, 13 ans, très jolie, s'attache à elle: *"I love you because you are good"* dit-elle. Yolande lui prête sa lime à ongles et lui donne du vernis qu'elle s'empresse de cacher quand son père paraît.

Yussef nous a réservé deux *shikaras,* espèce de gondoles décorées aux couleurs vives pour la tournée du lac Dal, à un prix un peu plus élevé naturellement; c'est la façon de rendre service au Cachemire. Nous nous rendons à pied au quai avec Kari et Bob et devons discuter longuement avec les «gondoliers» qui nous imposent deux *shikaras,* prétendant qu'il faut de toute façon deux «gondoliers».

Très agréable promenade de quatre heures sur le lac. Nous passons devant toute une flottille de house-boats, de véritables palaces flottants, aux boiseries ciselées comme de la dentelle, ou des bateaux plus ordinaires dont l'un est même à moitié englouti. Sur la rive du lac, une explosion a détruit un hôtel ce matin et les toits de toutes les maisons voisines ont été soufflés.

Au-delà de la zone des house-boats, c'est la grande tranquillité du lac cerné de montagnes. Il fait un temps idéal. Quelques vendeurs tentent sans succès de nous aborder. Une fillette montée sur une fine barque veut nous vendre une fleur de nénuphar qu'elle vient de cueillir sur l'eau. D'autres barques étroites *(dangang)* glissent sur l'eau, portant une personne accroupie à l'avant. De l'autre côté du lac, nous atteignons le jardin mogol de Nishat aux parterres fleuris en paliers dont l'ordonnance rappelle les jardins de Versailles. Les chutes sont particulièrement ingénieuses, leur dénivellation permettant d'alimenter les jets d'eau. Quelques familles indiennes sont venues pique-niquer dans le jardin, sous d'énormes *shinars* dont les feuilles rappellent celles de l'érable. Une famille veut faire photographier ses enfants avec nous.

La visite terminée, nous reprenons nos *shikaras* pour le retour par les jardins flottants. Ce sont de grandes étendues de tourbes imbibées d'eau et qui flottent véritablement sur le lac, donnant l'impression de la terre ferme, mais on la voit s'enfoncer sous le poids d'un petit garçon qui nous fait la démonstration. Certains de ces îlots sont de véritables jardins potagers particulièrement fertiles, les légumes y étant cultivés jusqu'à la limite de l'eau.

Nous abordons ensuite la zone touristique du lac, boutiques flottantes que nos pagayeurs nous invitent avec insistance à visiter. Tel qu'indiqué dans le guide, nous sommes abordés par un vendeur de confiserie, au grand plaisir de Kari qui l'attendait avec impatience. Friandises très sucrées, délicieusement orientales.

À la fin de la promenade, au moment de payer le montant convenu, les gondoliers refusent de recevoir l'argent et nous disent de le remettre au petit garçon qui nous accompagnait, en insistant de façon déplaisante pour qu'on lui fasse un cadeau: *''Gift! Gift!''* répètent-ils. Kari leur offre quelques chocolats qu'elle vient d'acheter; ils refusent et manifestent leur mécontentement. Nous avons déjà payé plus cher que le prix habituel et notre cher Yussef doit aussi avoir fait son profit.

Les vaches dans l'escalier

Nous retournons à notre house-boat par le vieux marché, y achetant de la bière et des pommes. Yolande est effrayée par un troupeau de vaches qui montent l'escalier reliant la rue au Zero Bridge.

Sur le bateau, l'éclairage est tellement faible que nous ne pouvons rien faire sans l'aide de la lampe de poche. Au dîner, Yussef est absent et nos amis nous annoncent qu'ils ont décidé de quitter le bateau. Les trois femmes viennent s'asseoir derrière nous pour regarder la télévision. Nous leur offrons des friandises qu'elles acceptent avec un plaisir évident.

Coucher tôt. Cette nuit, nous dormirons dans nos sacs de couchage pour être bien au chaud, car Yolande a pris un mauvais rhume.

Des familles d'oiseaux se réunissent dans un arbre et le concert de leur piaillement fait penser au bruit d'un générateur.

1er octobre

Kari et Bob quittent ce matin pour s'installer à l'hôtel. Au petit déjeuner, nous reçevons la visite d'un vendeur de safran: encore un coup de Yussef. Mal lui en prend, car nous avons déjà acheté une petite boîte de safran à un comptoir d'État. Le vendeur dépité doit admettre que c'est un produit de bonne qualité.

Nous allons nous faire rembourser les billets d'avion Leh-Srinagar que nous n'avons pas utilisés. Une heure d'attente, ce qui fait que nous avons perdu trois heures pour des billets inutiles! L'une des choses qui frappent le plus en Inde, c'est la relativité du temps. La moindre démarche occasionne une perte de temps qui semble aller de soi.

Nous retournons à notre sympathique café Tao pour le lunch et conversons avec le jeune Tibétain qui apprend le français en vue de pouvoir émigrer en Occident. Nous entrons au house-boat par le Bund qui longe la rivière, loin de la poussière et des bruits de la rue. Il nous faut préparer nos bagages à la clarté du jour. La jeune Ashika nous rejoint dans notre chambre. Elle veut que Yolande l'aide à rédiger son devoir d'anglais. Sa sœur aînée, elle, ne va pas à l'école. Une seule fille doit se faire instruire; c'est la coutume.

Un peu plus tard, un homme s'amène dans la salle de séjour, nous salue avec aménité et nous raconte que sa famille faisait des affaires avec le magasin Simpson, au Canada, avant l'indépendance de l'Inde, etc. Tout cela pour arriver à nous présenter quelques échantillons; mais il va chercher un immense ballot de nappes de table brodées de toutes sortes. C'est l'oncle de Yussef et il a flairé l'occasion. Yolande refuse comme elle peut de se laisser convaincre. Le père de Yussef, qui s'est amené, paraît comprendre notre réaction. C'est un bel homme, au visage fin, dans la force de l'âge. Il porte le costume traditionnel: grande veste par-dessus le pantalon et petit bonnet brodé.

Yussef arrive enfin et nous réglons nos comptes, mais non sans qu'il nous demande «un cadeau» pour le cuisinier (son père) et paraisse n'avoir aucunement l'intention de nous payer les timbres que nous avons achetés pour lui rendre service. Dans le livre de bord, Yolande écrit (en français): «Nous avons vécu ici une aventure vraiment cachemirie, avec tout ce que cela comporte de contradictions et de malentendus.» Pour le profit des prochains visiteurs!

Le jardin Shaliman sous la pluie

Pour cette dernière soirée à Srinagar, nous rejoignons Kari et Bob pour nous rendre en taxi au jardin Shaliman où se déroule un spectacle «son et lumière». Une dizaine de jeunes gens se précipitent pour trouver un taxi spécialement pour nous, alors qu'il y a une flotte de taxis juste de l'autre côté de la rue.

Malheureusement, la pluie se met à tomber et nous ne pouvons assister qu'à une courte partie du spectacle qui raconte sur un ton poétique l'histoire de la conquête mogole. Nous nous faisons donc conduire au restaurant Adoo's pour un savoureux repas cachemiri: *qushtaba* et *rista,* boulettes de viande dont l'une est cuite dans une sauce au yogourt, *raghan* et *yaknu,* morceaux de mouton dans des sauces assorties très relevées, accompagnés de galettes *(nan).* L'accueil est chaleureux et on se donne la peine de nous expliquer la nature des plats. À la sortie, nous faisons nos adieux à nos amis et entrons en taxi-scooter, car Yolande se sent de plus en plus mal.

Yussef nous attend devant la télé. Il offre de frictionner Yolande avec une huile. Yolande est un peu méfiante, mais se prête quand même au traitement jusqu'au moment où il lui demande de s'allonger pour lui frictionner la poitrine! Il ajoute qu'il lui faudrait un peu de «yang» à l'intérieur d'elle-même et qu'un jeune homme comme lui pourrait lui apporter ce secours. Si elle ne se sent pas bien cette nuit, qu'elle aille le réveiller, dit-il. Cela complète très bien ce personnage loufoque.

2 octobre

Lever à 5 h pour être à l'autocar à 6 h 30. Il pleut légèrement. Surprise, le taxi-scooter qui nous transporte ne demande rien et accepte les cinq roupies que nous lui tendons. Nous sommes contents de quitter Srinagar, comme la plupart des étrangers que nous y avons rencontrés. Une sollicitation incessante de centaines de parasites à touristes a vite fait de rendre l'atmosphère insupportable. Il faut dire que le tourisme est la principale industrie du Cachemire et occupe une bonne partie de la population de Srinagar.

La première partie du voyage vers Jammu est agréable. Panorama de montagnes recouvertes d'arbres, d'immenses pins caressant la route en corniche la plupart du temps, mais d'une largeur suffisante pour les rencontres et les dépassements. De petites agglomérations s'accrochent aux flancs des montagnes, au milieu des champs de cultures en étages. Nous arrêtons à un relais touristique entouré d'un beau jardin de roses.

À un rétrécissement de la route dû à un glissement de terrain, nous sommes bloqués par un camion surchargé. Confusion, vains efforts d'un groupe d'hommes et attente d'une heure. Un militaire parvient à rétablir la circulation. Nous traversons deux villages où se déroulent la célébration de la Dusserah. D'immenses statues des héros du Ramayana, l'une des deux grandes épopées de l'Inde, sont montées sur des camions, suivis d'autres camions transportant des musiciens et toute une cour de gens costumés qui offriront une représentation de cette grande geste populaire.

La dernière partie de ce voyage de 12 heures est particulièrement harassante, mais malgré tout nous arrivons à l'heure à Jammu.

L'autocar nous fait descendre proche du centre de la ville et un taxi-scooter nous conduit à l'hôtel Premier, à travers une cohue colorée et bruyante, comme si tout le monde était descendu dans la rue à cette heure. Nous y aurons une belle grande chambre, avec tout le laisser-aller habituel et des pannes d'électricité à répétition.

Après une courte promenade dans la rue, où un passant nous demande la température qu'il fait à Srinagar, nous nous faisons servir une bière dans notre chambre, même si c'est jour de prohibition et descendons au restaurant de l'hôtel pour déguster des brochettes grillées avec du pain *nan*.

3 octobre

Nous découvrons le centre de Jammu, autour de notre hôtel. La ville s'éveille lentement, mais très tôt nous apercevons de notre fenêtre un chantier qui s'anime et des femmes en sari sont assises là, attendant de prendre leur charge. Un troupeau de buffles passe lentement dans la rue, dos énormes où perce l'ossature. Des *tongas* passent par-ci par-là. Un quêteux bizarrement attifé est poursuivi par un chien. Nous sortons à notre tour. C'est un premier plongeon dans l'Inde non touristique. Un homme installé devant l'hôtel offre un service de repassage express. Deux garçons lui apportent chacun une chemise. Il les met sur un cintre et les suspend à un poteau de fils électriques. Nous buvons un grand verre de jus d'ananas frais pressé, puis nous nous approchons du temple Raghunath, situé à l'extrémité de la rue. C'est, dit-on, le plus grand temple de l'Inde. Il est dominé de plusieurs coupoles et tours coniques. Des femmes tressent des couronnes de fleurs à l'entrée et l'on y vend toutes sortes de choses. Des *sadhus* traînent autour dont l'un très grand, tout peinturluré et portant un trident bien dessiné sur le front, fait un grand sourire à Yolande. Nous avons l'impression qu'il pourrait être Européen. Nous pénétrons dans le temple après avoir confié nos sandales à un portier. L'espace intérieur est délimité par plusieurs chapelles dédiées à Rama et aux autres héros du Ramayana, particulièrement à la fidèle Sita et au singe dévoué Hanuman. Des gens défilent devant les divers sanctuaires et y font leurs dévotions. À l'autel principal, un brahmane officie devant le couple divin, Rama et Sita. Une autre niche est consacrée à Sita qui y apparaît dans tous ses atours. Un *sadhu* semble s'être établi à demeure dans une chapelle occupée par un immense lingam shivaïte. Les fidèles touchent de la main les marches de chaque sanctuaire avant d'entrer et en sortent à reculons. Un groupe de femmes âgées sont assises autour d'un brahmane qui lit le Ramanaya à haute voix. Il règne ici une atmosphère de recueillement intense et personne ne s'inquiète de notre intrusion.

À l'extérieur, la rue s'anime de plus en plus. Des pèlerins revenus de la montagne sacrée de Katra y défilent, couronne rouge et argent sur la tête.

Une cuisine en plein air

Retrouvant l'indescriptible animation de la rue, ses couleurs, ses odeurs, nous sommes attirés par une cuisine en plein air invitante. On s'y affaire à la préparation de grandes crêpes dorées servies avec du yogourt et une pincée de sel et de piment. Nous sommes tentés. Les quelques places sont déjà prises, mais on nous installe gentiment deux chaises parmi quelques Indiens amusés et nous dégustons nos crêpes dans la rue, au grand plaisir du cuisinier. Petit déjeuner délicieux pour quelques roupies.

Nous nous dirigeons ensuite vers la gare, à pied. Passe un minibus dont le percepteur crie à la volée «*Railway! railway!*» C'est un *tempo* qui assure le transport public dans toute la ville et où chaque passager ne paie qu'une roupie. Nous y montons et constatons qu'il nous restait un très long trajet avant d'atteindre la gare. Là commence le cauchemar. Il faut faire successivement la queue devant quatre guichets avant de comprendre qu'il n'y a rien à faire pour changer notre date de départ pour Harwar. Les quotas réservés pour étrangers ne sont disponibles que pour Delhi. Nous voilà dépités, au milieu de cette foule de gens qui attendent pêle-mêle, plusieurs étendus sur le plancher, dans un vacarme étourdissant. Nous voilà «jammés» à Jammu pour trois jours. Nous reprenons le *tempo* et, de retour en ville, décidons de nous chercher un hôtel moins cher et moins prétentieux. Au Picnic, les chambres sont exiguës et misérables; nous sommes plus chanceux au Tourist Accomodation où un préposé particulièrement gentil nous propose une chambre splendide avec grande salle de bains et terrasse pour 80 roupies, c'est-à-dire à moitié prix. Nous déménageons nos pénates aussitôt et nous nous offrons une bonne bière froide, tout en broyant du noir en pensant à la complication des réservations pour le train, ce qui risque de compromettre tous nos projets. En attendant, nous profitons de la fraîcheur de notre terrasse où trône un beau cactus.

En fin de journée, nous sortons dans les rues, particulièrement animées le soir. Marchands de vêtements, de fruits séchés et boutiques de toutes sortes. Un vendeur de *paan* nous offre gentiment une poignée de pop-corn. Nous ne sommes l'objet d'aucune sollicitation et les quelques manifestations d'intérêt qu'on nous réserve sont sans arrière-pensées. Cela nous change de Srinagar!

Après avoir acheté de l'Aspro et une crème pour Yolande qui s'est fait un étirement ligamentaire au poignet, nous décidons d'aller manger à l'hôtel Cosmo dont on dit que la bouffe est meilleure que le gîte. Dès l'entrée, nous remarquons une tête blonde qui nous semble familière. Ce n'est pas possible que ce soit Bob, assis seul à une table; il devrait être à Srinagar avec Kari. Ce sont pourtant bien nos amis que nous retrouvons avec plaisir. Ils viennent d'arriver de Srinagar et repartent demain matin pour Dharamsala. Le *biryani* qu'on nous sert n'est malheureusement pas à la hauteur de la réputation de l'endroit. Joyeuse conversation et nouveaux adieux.

4 octobre

À 5 heures du matin, nous sommes réveillés par les prières que diffuse le temple Raghunath. Une longue récitation accompagnée du tintement des clochettes. Puis cela prend fin et nous nous rendormons.

Au lever, Yolande se sent mieux et nous nous sommes acclimatés à la ville. Mille métiers s'exercent dans la rue où s'alignent une multitude de petites boutiques offrant une variété incroyable de produits. Et quelle patience! Mille odeurs de fleurs, d'encens, d'épices. Les femmes en saris colorent la rue. Il faut veiller à ne pas mettre les pieds dans la bouse de vache, mais ni la ville, ni les gens n'ont une odeur désagréable, même dans les foules, serrés les uns contre les autres. Partout, des vendeurs de jus de fruits frais. La nouveauté par rapport à notre dernier voyage, ce sont les nombreux comptoirs d'alcool et de bière.

Palais et miniatures

Nous nous rendons en *tempo* au Amar Mahal Palace sur les hauteurs de la ville. Le site est ravissant. Un parc de beaux arbres entoure un château de style pseudo-français en briques rouges. On peut y contempler la ville et le cours somnolent de la Jammu. Le musée du palais contient une belle collection de miniatures de l'école Kangra (du XVIIIe siècle) illustrant l'histoire amoureuse du prince Nala et de la princesse Dowganti auxquels un cygne sert de messager. Chef-d'œuvre de finesse auquel le blanc, qui occupe une place inusitée dans les miniatures, confère un cachet de grande sérénité. Les peintures modernes de la collection du raja Amar Singh tiennent par ailleurs d'un mauvais goût évident. On peut aussi contempler le lourd trône d'or du prince à travers une grille.

Redescendant vers la ville, nous découvrons la Droga Art Gallery dans un building franchement malpropre. La collection de miniatures qu'on y expose est d'une grande valeur, mais la dispositon des lieux est aberrante et de plus, ce matin, il y a une panne d'électricité. Nous pouvons quand même apprécier quelques fresques très fines, dans le style des miniatures, du Reasi Palace, des manuscrits illustrés et plus d'une centaine de miniatures de l'école Basholi (XVIIe siècle), aux couleurs vives et aux dessins primitifs qui exploitent l'éclat de l'or et des pierres ornant les personnages; de l'école de Jammu (XIXe siècle), des miniatures aux couleurs parfois criardes et où les personnages, plus importants, sont parfois présentés en gros plan; de l'école Kangra (XVIIIe siècle), des miniatures d'une finesse remarquable, présentant quelques ravissantes femmes seules, quelques portraits mogols très précieux et une série de *raginis* (jeunes danseuses) en correspondance avec les modes musicaux traditionnels. Dans un autre pays, une telle collection serait choyée comme un joyau rare; ici, il n'y a même pas de frais d'admission qui permettraient d'améliorer un peu la présentation.

Nous entrons à pied, nous désaltérant dans la rue d'un savoureux jus d'orange. Pour le lunch, bière, croustilles et bananes. Le journal nous apprend qu'il y a une révolte au Tibet et que les Chinois auraient attaqué dans la vallé du Nubra, au Ladakh. Ici, il faut tout faire en matinée et s'enfermer jusqu'à 17 heures, car la chaleur du soleil est insupportable. Douche, sieste et panne d'électricité quotidienne.

Vers 18 h, une foule envahit la rue, s'écoulant comme une marée vers on ne sait quel événement; nous nous rendons bientôt compte que c'est un grand cinéma qui se vide. Plusieurs policiers montent la garde dans la rue avec leurs longs bâtons *(lattis)*. Peut-être est-ce à cause de la panne d'électricité. Beaucoup de marchands ont de petits générateurs japonais qui leur assurent un éclairage suffisant, mais ils sont très bruyants.

Un Écossais au Ladakh

Au bar de notre hôtel, nous rencontrons un jeune Écossais qui se rend au Ladakh pour un mois afin d'y étudier la technique de la gravure sur métal. Nous le trouvons très courageux, car ce sera bientôt l'hiver; la passe Zoji-la sera fermée et les avions ne décolleront plus. Nous mangeons avec lui un plat de poulet au curry avec légumes et *chapatis*. Dehors, le ciel est strié d'éclairs. L'électricité est rétablie vers 21 h. Nous découvrons dans le journal des pages entières d'annonces matrimoniales s'adressant aux hommes et aux femmes. On affiche ses qualités (*slim and pretty* pour les jeunes filles) et ses diplômes. Les marieurs et marieuses sont devenus électroniques.

5 octobre

Belle matinée relativement fraîche. Promenade dans les rues qui, comme chaque matin, ont été nettoyées par les balayeurs. Nous retournons à notre gargotte d'hier pour des crêpes et du yogourt. Grand jus de fruits quotidien dans la rue où nous croisons plusieurs *sadhus* le front barré de traits blancs et portant des colliers de grosses graines brunes. L'un d'eux, juché sur un muret, se gratte comme si tout le corps lui démangeait. Yolande photographie, au grand plaisir du propriétaire, une quincaillerie dont la façade est couverte de casseroles et de bols métalliques éclatants.

Il ne nous reste plus qu'à attendre l'heure du train. La question des réservations de trains m'angoisse un peu depuis le traumatisme subi à la gare il y a deux jours.

Dans la salle à manger du Tourist Accomodation Center, nous rencontrons Nick et Mary, deux jeunes Anglais qui logeaient à la même pension que nous à Leh. Longue et chaleureuse conversation. Nous apprenons que les trains pour Bénarès sont complets jusqu'au 15 octobre, ce qui n'est pas pour nous rassurer.

Des pois chiches à grignoter

Taxi-scooter pour la gare. La salle d'attente de la première classe est bondée. Les Indiens aiment prendre leurs aises partout. Ils encombrent les sièges de leurs bagages et s'étendent sans gêne même s'il y a des gens debout à côté. Nous sommes à côté de deux jeunes couples qui se bécotent librement, illustrant à quel point les relations entre hommes et femmes ont changé. L'une des femmes nous offre gentiment des pois chiches à grignoter, mais en général, les Indiens sont beaucoup moins enclins à aborder les étrangers qu'auparavant.

Dans le train, nous retrouvons le confort et l'air climatisé de la première classe. Beaucoup de passagers reviennent du pèlerinage de Katra, lieu dédié à la déesse Vishnou-Devi qui fait l'objet d'un culte populaire neuf jours avant la Dusserah. Il y avait, nous raconte-t-on, des milliers de fidèles qui avaient gravi la montagne sacrée, franchissant un passage «bas et étroit» où coule un filet d'eau de source. Les images pieuses qu'en rapportent nos compagnons de voyage sont des chromos du même art que l'on retrouve à l'entrée de tous les temples.

Notre voisin de face est un ingénieur des chemins de fer de Lucknow qui parle un anglais saccadé et difficilement compréhensible. Il est accompagné de toute sa famille, sa femme, sa mère, etc. Il nous demande d'occuper les couchettes du haut, parce qu'il s'est étiré un muscle en escaladant la montagne. À côté de nous, un jeune Punjabi Ramesh Gulati Chander accompagne sa mère et sa sœur. Il nous raconte qu'il doit attendre le mariage de sa sœur pour se marier à son tour. À propos de vendeurs ambulants, il nous explique qu'en Inde, il faut toujours marchander et tout calculer. Il est commis dans une banque et gagne quelque 3 300 $ par année. Il envie les fréquentations des jeunes chez nous et paraît préférer nos coutumes occidentales. Les deux familles sont en vacances, leurs frais de transport étant payés par leurs employeurs. Nous comprenons que presque tous les passagers de ce compartiment voyagent gratuitement.

Après le repas standard au curry, nous dormons comme on dort dans les trains.

6 octobre

Au lever, nous assistons à la toilette de tous nos voisins; la vieille mère nettoie même ses dentiers devant nous. Le train traverse une région apparemment fertile. Beaucoup d'arbres et des champs hérissés de meules de foin où les paysans s'affairent encore à la récolte.

Nous descendons à la gare de Laksar pour faire la jonction avec la voie de Harwar. Grande animation à la gare et sur les quais. On fait la queue; on se lave dans des salles de bains avec douches; on mange à des comptoirs de thé et de gâteaux ou à la salle à manger; on s'approvisionne pour le voyage. Une préposée au nettoyage, en sari mauve foncé, lance les déchets dans la rue où un balayeur viendra plus tard les ramasser. Un vieil employé en *dhoti* blanc est occupé à réparer (probablement pour un salaire ridicule) les trous produits par l'effritement du ciment sur le quai. Il transporte son matériel devant chaque trou, s'assoit par terre, nettoie et fabrique patiemment le ciment dans chaque cas, avec une lenteur cérémonieuse comme s'il s'agissait de ne réparer qu'un seul trou. Or, il y en a des milliers et l'on imagine que, s'il termine jamais son travail, d'autres trous se seront alors produits. Cette aveugle patience est pour nous déconcertante.

Peine d'amour dans un train bondé

Nous prenons l'express Howrah-Dehradum tellement encombré des bagages des passagers que nous devons rester debout près des toilettes, en compagnie de deux jeunes hommes qui se soûlent pour surmonter la peine d'amour de l'un d'eux. Son amie l'a quitté et il parle de la tuer. «Dois-je la tuer?» nous demande-t-il plusieurs fois. Son bafouillage fait passer le temps jusqu'au moment où un passager décide d'apporter ses bagages à l'arrière: deux immenses valises et un ballot de deux mètres de long. Du coup, il n'y a vraiment plus de place pour nous.

À Harwar, on vérifie sans raison nos réservations à la salle d'attente et une folle vient invectiver Yolande à deux reprises. Pendant ce temps, je dois préparer, sans trop y croire, une dizaine de fiches de réservation pour la suite du voyage. Il faut trouver soi-même les trains, les routes, etc., une vraie charade! Malgré tout, nous ne sommes que sur la liste d'attente. Pénible! Nous qui pensions que notre billet d'India Rail était presque un passeport!

Un peu déprimés, nous poursuivons notre route vers Rishikesh, dans un mini-autobus où nous sommes coincés et pliés en deux pendant l'heure que dure le trajet.

Un taxi-scooter nous conduit à un petit hôtel au confort minimum, le Khailash, mais nous avons une chambre avec toilette et grande salle d'eau sans lavabo. Nous avons de la difficulté à reconnaître cette ville «des sages» où nous étions venus il y a 29 ans pour nous rendre à l'ashram de Shivananda. Nous y avions vécu quelques jours au bord du Gange, dans un état d'esprit tellement différent. Dans notre découragement, nous nous demandons même maintenant ce que nous sommes venus faire ici. Tout notre désarroi vient du fait que c'est justement notre projet de pèlerinage aux sources du Gange, aux lieux saints de Badrinath, Kedarnath et Gangotri, qui est à l'origine de nos difficultés présentes. Autrement, nous aurions pu obtenir à Delhi toutes nos réservations. Nous ne savons plus maintenant ce qu'il adviendra de ce projet. Dans cet état d'esprit, nous avons tendance à juger sévèrement les gens et le pays. Nous ne retrouvons plus cet empressement à aider les étrangers que nous avions tant apprécié à l'époque.

Le moral est à plat et le ventre vide. Première étape: on se lave, vêtements et corps; on prend un soda à la lime, on mange quelques fruits, on s'organise.

Promenade dans la ville pour s'orienter. Les vaches constituent encore l'encombrement le moins désagréable dans ces rues poussiéreuses, bordées de cabanes de tôle et de boutiques bancales, où le vacarme et la fumée nauséabonde des camions rendent l'air irrespirable.

Nous découvrons heureusement un havre de paix au Municipal House: un beau jardin public agrémenté d'arbres et de fleurs, de roses et de cannas gigantesques, de la pelouse même et quelques bancs. Des jeunes garçons jouent au volley-ball juste à côté. Une image de sérénité.

Nous revenons dans l'enfer de la rue; nous nous informons à une agence, des excursions pour Badrinath et découvrons un restaurant sympathique appelé Virashan. Délicieux *biryani* aux légumes, œufs au curry, tomates farcies et *nan*. Nous discutons une fois de plus de la suite de notre voyage et, de retour à notre chambre, nous interrogeons le *I Ching* chinois qui nous laisse entrevoir un rétablissement de la situation: quatre signes yang enclos entre deux signes yin devant se libérer et les signes yin du bas se transformant en yang pour donner «le feu sur le feu» («la persévérance amène le succès»).

7 octobre

Je me réveille à quatre heures avec la décision d'aller à Badrinath aujourd'hui même. Ne pas oser cela rendrait insensée notre présence ici et pareille indécision risquerait de marquer tout le reste du voyage. Le *I Ching* nous invite d'ailleurs à une action décisive.

V

Badrinath: pèlerinage aux sources du Gange

Je réveille Yolande et lui dit: «Nous irons à Badrinath; c'est la première idée qui m'est venue au réveil!» Elle accepte courageusement ma décision. Nous faisons rapidement nos bagages pour trois ou quatre jours, laissant le surplus à la chambre que nous gardons et nous nous rendons à l'agence en scooter à 5 h 30. De gros cochons noirs errent dans les rues. Le conducteur doit réveiller les deux agents de Sharma Travels qui dorment par terre dans l'unique pièce. Ils se lèvent sans trop rouspéter et nous font entrer en nous annonçant que l'autocar ne part qu'à 7 h 30...

On nous apporte du thé et nous parlons avec M. Shewa qui prépare sur le champ notre billet et nous dit qu'il a un ami à Toronto qu'il trouve très musclé. *"You are very strong"*, dit-il en parlant des Canadiens.

Arrive un homme âgé, portant une tuque sur la tête; c'est le patron. Il parle d'abondance et nous offre deux revues de la *Divine Life Society* de Sivananda. Il aide Yolande à trouver l'échange téléphonique d'un ami, Rudy Sing, à Musoorie, dans l'Himâlaya. Malheureusement le numéro a été changé et il ne nous reste que le souvenir de l'agréable séjour que nous avions fait dans sa vaste maison près des pics enneigés. Une trentaine de pièces, des serviteurs venant porter des roses à Yolande au petit déjeuner, l'atmosphère chaleureuse créée par Rudy et sa femme Odette (que Yolande avait connue à l'ambassade de l'Inde à Paris). Des repas aux faisans que Rudy débusque de la véranda, des promenades en montagne, des soirées à écouter de la musique indienne, tout ceia nous reporte à une autre époque où le voyage se déroulait comme un rêve.

Nous déjeunons dans un petit restaurant ouvert sur la rue et qui paraît être le rendez-vous du quartier. Le patron parle couramment anglais. Au moment de payer, il me dit: «Un instant!» et va d'abord déposer l'encens qu'il tient en main devant deux images de Krishna; il y fait une courte prière et y dépose des fleurs blanches, m'en rapportant quelques-unes. Des millions d'Indiens de toutes conditions font ainsi un rituel quotidien qui les reporte à leurs lointaines traditions.

Finalement, l'autocar n'arrive qu'à 7 h 30. Il y a déjà un groupe de pèlerins à bord. On nous indique une place dans la cabine du chauffeur. Quelques rues plus loin, nous sommes assiégés par une véritable horde de pèlerins qui se précipitent dans l'autocar, encombrés de lourds bagages. Hommes âgés en *dhoti* blanc, cinq petites femmes de l'Orissa, la peau tannée par le soleil, cinq petites pommes ridées, la tête rasée, pieds nus, en sari mauve sans corsage *(choli)* et portant des tatouages bleus sur les mains et les bras; quelques couples dont les hommes sont en complet veston et un grand gaillard portant la mèche des brahmanes au centre de la tête et que nous surnommons aussitôt «le swami».

Nous sommes de plus en plus coincés dans la cabine avant. Heureusement, le représentant de l'agence vient nous faire une place en délogeant un vieillard dont les bagages occupaient toute la première banquette. Ça gueule fort dans l'autocar, le swami plus fort que tous les autres. Ça rentre, ça sort, ça chique du bétel. Les disputes à propos des places s'éternisent et retardent le départ d'une bonne heure. Nous apprendrons, au cours des trois jours de voyage, à mieux connaître et à apprécier la gentillesse de ces gens qui nous traumatisent un peu aujourd'hui.

À peine parti, l'autocar s'arrête dans un marché où l'on va faire de petits achats, cartes, bonbons... et les discussions reprennent de plus belle. Puis l'on prend enfin la route. Nous sommes relativement bien installés, même si les banquettes sont très étroites.

Nous sortons aussitôt de la ville et atteignons les rives du Gange. Nous reconnaissons l'ashram de Shivananda qui s'est agrandi de deux immeubles qui ressemblent à des hôtels. Sur les deux rives du fleuve, puissant à cet endroit, s'échelonnent une série de temples et d'ashrams. Nous nous engageons ensuite dans la montagne couverte d'une végétation très dense. Des singes se pourchassent dans les arbres. Quel calme après le vacarme de la ville.

Toute la journée, nous roulerons à flanc de montagne, sur une route en corniche au bord des précipices, surplombant à l'occasion des vallées cultivées en étages, les champs frangés de l'or des moissons et des villages aux maisons à toit d'ardoise.

La végétation vigoureuse de la montagne rappelle parfois la Corse avec ses eucalyptus et ses longs cactus à fleurs jaunes, sur fond de pins centenaires. Rien à voir avec le Ladakh dénudé.

Après quelques heures, nous apercevons un joli village situé au confluent de deux affluents du Gange, Deoprayag. Nous ne nous arrêtons que le temps d'une photo, de loin. Nous poursuivons en traversant plusieurs villages, nous arrêtant à deux reprises au centre de petites agglomérations. Marchés de fruits, comptoirs de gâteaux (les Indiens raffollent des pâtisseries) et débits de thé. À chaque endroit, des toilettes publiques qui seraient assez propres n'était-ce le fait que certaines personnes semblent ignorer le bon usage des toilettes «à la turque» (sans siège).

Nous montons toujours, suivant les méandres du fleuve, ses cascades joyeuses et ses étalements sur le sable gris. Ici et là dans la montagne une chute étroite trace un filet clair dans la végétation de la montagne. Des troupeaux de vaches, de moutons et de chèvres s'agrippent aux flancs verdoyants où s'étagent de façon abrupte des champs de plus en plus restreints. Un côté de la montagne se dénude progressivement. Le soleil descend rapidement et nous ressentons de plus en plus l'inconfort de l'autocar, d'autant plus que des bouts de route en réparation sont vraiment cahoteux. Les Indiens, eux, ne semblent pas s'impatienter; ils ont la faculté de prendre les poses les plus acrobatiques et de s'y tenir pendant des heures.

Une nuit à Joshimath

Nous arrivons finalement dans le noir à Joshimath, après plus de 10 heures de route. Nous suivons un Indien du Bihar jusqu'à un petit hôtel situé en face de l'arrêt d'autobus. Des chambres rustiques sans commodités (salle d'eau et toilettes à l'extérieur), mais c'est suffisant pour dormir grâce à nos sacs de couchage. Les deux ampoules électriques de notre petite chambre diffusent tellement peu de lumière qu'il faut allumer des bougies. Nous allons manger au restaurant situé au rez-de-chaussée de l'hôtel. Un joyeux luron qui parle anglais nous prépare un très bon repas de riz, *dhal,* légumes et yogourt. À l'extérieur, des pétards éclatent pour marquer le début de la grande fête de la Dusserah.

Nous dormons tôt et, dès quatre heures, les préparatifs commencent dans la chambre qui fait face à la nôtre: tout le monde s'anime et l'eau des douches coule inlassablement.

8 octobre

En attendant le départ de l'autocar prévu pour 6 h, nous conversons avec un couple d'Indiens qui fait le voyage avec nous. Tous les deux parlent anglais et sont accompagnés de leur fils. Ils ont passé la nuit dans un autre hôtel, parce qu'ils trouvaient le nôtre trop malpropre; on les suivra la prochaine fois. Le mari, qui est ingénieur, nous explique que la «trinité» hindoue, c'est comme l'électron, le neutron et le proton en physique nucléaire...

À peine démarrés, nous faisons un premier arrêt dans un village, en face d'un petit temple surmonté de sculptures peintes du panthéon hindou. Puis nous nous engageons dans une très mauvaise route où une voie est en réparation. Des chutes d'eau puissantes descendent de la montagne. Il fait de plus en plus frais, pour ne pas dire froid. Les femmes derrière nous commencent à chanter en chœur; on sent que l'excitation d'arriver bientôt à Badrinath gagne les pèlerins. La route se rétablit, fort heureusement, car nous entreprenons une longue ascension vers des cimes plus abruptes, plus aiguisées, pointant vers les glaciers: c'est la route de Badrinath.

La coupole d'or du temple

Un seul temple aux frises colorées et à la coupole d'or domine le cours d'eau qui est la naissance même du Gange. Le célèbre pic enneigé qui semble protéger le temple sur les gravures populaires apparaît. L'autocar s'arrête, les pèlerins font transporter leurs bagages par des coolies de type népalais vers des *daramsalas*, refuges pour pèlerins disposés autour du temple. Nous transportons les nôtres qui sont légers. La distance est d'un kilomètre, sur une route bordée d'un défilé de boutiques, devant une confrérie de mendiants, manchots, unijambistes et *sadhous* barbus, tranquillement accroupis le long de la voie. La coutume veut que les Indiens fassent la charité dans les lieux saints; aussi les mendiants n'ont-ils pas besoin d'insister.

Nous montons au temple, laissant à la porte chaussures et appareil-photo. C'est l'armée qui est chargée de la sécurité du temple. En y pénétrant, les pèlerins agitent le grelot d'une grosse cloche «pour attirer l'attention des dieux». Ils arrivent les bras chargés d'un plateau de noix de coco, d'un ou deux fruits, d'un petit gâteau blanc et de quelques autres offrandes qui sont vendues à l'entrée. Dans le sanctuaire, plutôt petit et rempli de fidèles qui s'entassent devant la statue d'un Vishnou à grosse face noire, escorté des sculptures des deux autres dieux de la Trimurti, Brâhma et Shiva.

Le sanctuaire est entouré d'autres lieux de culte où des brahmanes officiant nous marquent le front d'un trait de graisse brune, signe de Vishnou, et du point rouge *(tilak)* représentant «le troisième œil» de l'éveil spirituel. Un autre officiant nous verse dans les mains de l'eau qui a été offerte à l'idole et que l'on doit porter à la bouche, puis sur la tête. Nous baignons dans l'encens et dans une atmosphère d'intense dévotion.

Sur le parvis, nous croisons une jeune femme qui nous demande si nous avons eu le darshan (c'est-à-dire si nous avons été en présence du dieu Vishnou) et de quel pays nous venons. Au bas du double escalier menant au temple, un *sadhou* nous invite à le suivre vers un bain d'eau chaude où se trouvent immergées une vingtaine de personnes nues dont un *sadhou* en pose de méditation, juste devant la bouche déversant l'eau de la source chaude.

Notre guide nous invite ensuite à le suivre ailleurs en nous affirmant que les *ghats* nous sont interdits; mais nous nous en débarrassons. Nous croisons un autre *sadhou* qui collectionne les pièces de monnaie de tous les pays. Je lui donne ma dernière pièce de 10 cents. Puis, ayant vite épuisé l'intérêt des boutiques de souvenirs religieux qui s'agglutinent autour du temple, nous allons nous asseoir sur les *ghats*. Il fait un soleil radieux. Quelques personnes viennent nous saluer, se disant très honorées d'avoir pu nous rencontrer. Deux *sadhous* hirsutes fument derrière nous; un autre pénètre dans le fleuve et fait offrande au soleil de l'eau du Gange qu'il rejette ensuite devant lui. Plusieurs pèlerins se déshabillent partiellement avant de pénétrer dans le cours d'eau clair et vif. De longs saris sèchent sur les marches, comme de longues banderoles de couleurs.

Nous observons une vieille dame qui se lave lentement, se change avec beaucoup de discrétion. Elle a apporté dans un panier en plastique tout ce qu'il faut pour faire la cérémonie d'hommage au dieu Ganga. Elle en sort un livre cartonné qu'elle lit en attendant que son sari soit sec. Voyant qu'on l'observe, elle nous invite à aller voir le livre qu'elle lit. En couleur sur la page couverture, Krishna et Arjuna: c'est le célèbre récit de la *Bhagavad Gita*. Elle nous sourit, toute contente. Elle a un regard extraordinaire.

Un vent frais souffle sur les *ghats*. Nous remontons lentement vers l'autocar, croisant plusieurs *sadhous* dont un Européen au teint rouge et aux yeux bleus. Sur la route, un restaurant invitant et très fréquenté sert des plats du sud de l'Inde: une soupe et un *dosa masala* au fromage, doré et délicieux.

Un jeune garçon de la table voisine vient nous photographier.

À la sortie du restaurant, le temps s'est couvert et un vent froid commence à souffler. Il tombe quelques gouttes de pluie. C'est en cette région la fin de la belle saison. Nous retournons à l'autocar pour y rédiger notre journal à l'abri, mais au bout d'un moment, notre ami du Bihar vient nous dire que les pèlerins ont décidé de passer la nuit à Badrinath pour assister à la *puja* du soir. Il nous indique un hôtel pour passer la nuit. Un gros hôtel prétentieux. La chambre est froide et humide; nous commandons un seau d'eau chaude pour nous laver enfin et nous réchauffer.

Aussitôt installés, nous apercevons sur la route un de nos compagnons qui se dirige vers l'autocar avec ses bagages. Nous le rejoignons et il nous apprend que le programme est changé et que nous partons dans une heure. Nous retournons à l'hôtel pour prendre nos bagages et nous faire rembourser. Le commis m'affirme qu'il ne peut ouvrir le tiroir-caisse et qu'il ne peut me rembourser. Je me fâche et il m'indique le bureau du gérant. Je m'y rends, explique mon cas et le gérant ordonne au commis fort mécontent de me rembourser. "*You are a bad man*", me dit le commis, humilié.

Une dispute avec Mona Lisa

De retour à l'autocar, une jeune femme que nous appelons Mona Lisa, parce qu'elle nous regarde toujours sans la moindre expression, a pris notre place. Nous l'avions croisée en route, elle nous avait fait son plus beau sourire et s'était empressée de nous dépasser. Je réclame notre place, élève la voix et la saisis même par les épaules pour la déplacer. Elle répond toujours la même chose en hindi. J'en appelle au chauffeur, mais elle décide brusquement de céder la place, devant la désapprobation des autres passagers.

Nous devons attendre encore une heure que la route soit dégagée, puis nous sommes retardés par la crevaison d'un des quatre pneus arrière. Nous ne pourrons ce soir aller plus loin que Joshimath. Nous y trouvons un hôtel plus confortable qu'à l'aller, le Nanda Devi. Cette fois, nous avons une chambre avec toilettes et salle d'eau. C'est le luxe relatif.

Dans un petit resto de rue, où il faut s'éclairer à la lampe de poche, nous prenons un repas affreusement pimenté que deux pommes viendront adoucir un peu.

De la terrasse de notre hôtel, nous découvrons une ville que nous n'avions pas vue. Une lumière de pleine lune dans un ciel mitraillé d'étoiles découpe le cirque impressionnant de montagnes qui entoure la ville dont les maisons étagées sur les pentes prennent un air féerique.

9 octobre

Dès 4 h 30, c'est le branle-bas général dans la chambre voisine, puis dans tout l'hôtel. L'eau coule partout pour les ablutions matinales et les gens se parlent d'une chambre à l'autre. Ce n'est pas *"british"* du tout.

Avant de prendre l'autocar, j'accompagne les gens du Bihar au sanctuaire de Sankaracharya au haut de la colline. Nous atteignons d'abord un premier sanctuaire dédié à Hanuman, le dieu-singe fidèle compagnon de Rama, puis nous montons jusqu'au sanctuaire du sommet pour y assister à une courte *puja*. Le roc abrite la grotte où Sankara a médité. Devant sa statue, le brahmane de service nous marque le front du point rouge du troisième œil et profère, avec les personnes présentes, une invocation solennelle à Sankara.

Nous prenons la route à 6 h, après avoir rassemblé tout le monde, car les Indiens ont comme des enfants, toujours envie de pipi au moment du départ; au premier arrêt, ils se brossent les dents, boivent du thé et grignotent ce qu'on trouve. Le temps est splendide, la lumière matinale atténuant d'une touche de douceur l'austérité des prestigieux glaciers.

Cette fois nous suivons la descente du fleuve. De vastes surfaces de champs en étages se déploient sur l'un des versants de la montagne, dominant le Gange encaissé au fond de la vallée. La température se réchauffe à mesure que nous descendons et la route est toujours aussi pittoresque: de nombreux troupeaux de chèvres, de vaches ou de chevaux, des groupes d'ouvriers réparant la route, des étudiants vêtus de bleu (longue blouse par-dessus un pantalon, pour les filles), quelques femmes au port de reine avec leur large pot de laiton sur la tête, et parfois, comme une évocation de Radha, l'amoureuse de Krishna, apparaît une fine silhouette vêtue d'un sari fleuri près d'une vache ou surveillant un troupeau.

Une violente dispute entre quelques hommes à l'arrière de l'autocar vient troubler cette incomparable sérénité. Il s'agit d'un siège contesté et la violence des voix est telle qu'on croit qu'ils en viendront aux mains. La voix tonnante du «swami» domine toutes les autres. Le chauffeur arrête le car, intervient énergiquement, puis sort se promener pour laisser le temps aux belligérants de se calmer. La tempête s'apaise peu à peu et nous repartons.

Arrêt dans un restaurant qui sert de la cuisine du Sud: *dosa, iddlis* (petits gâteaux à la vapeur) et *upadam* (sorte de pizza). Le patron vient nous expliquer lui-même la cuisine. Délicieux!

Une deuxième crevaison

Le voyage de l'après-midi nous paraît interminable. Il fait de plus en plus chaud et il nous faut encore changer un pneu. Nous nous promenons le long de la route et discutons en anglais avec un groupe de nos compagnons et compagnes de voyage. D'abord des bijoux en or, grande préoccupation des Indiennes, puis du peu de cas, prétend l'un des passagers, que l'on fait en Inde de la vie humaine. Quelle importance, dit-il, d'obliger les compagnies à prendre des précautions (comme de s'assurer du bon état des pneus des véhicules) pour éviter les accidents, puisqu'il y a trop de monde et que 45 pour cent de la population vit sous le seuil de la pauvreté. Nous parlons ensuite de la Chine et des conditions de vie des ouvriers en Inde. «Nous faisons des semaines de 48 heures, dit un autre passager du Bihar, mais nous ne travaillons que 24 heures, le reste étant consacré à la parlote.

Nous avons en cours de route appris à connaître un peu plus tous ces gens avec qui nous avons voyagé. Le Biharais qui nous a servi de guide, avec sa femme et une amie, la famille Rajpoute, père ingénieur, mère enseignante et fils étudiant, un grand homme aux yeux bleus, du Bihar aussi, accompagné de son fils, un petit groupe de femmes, dont quelques jeunes, en beaux saris de soie, Mona Lisa et son vieux père, la confrérie des petites femmes noires de l'Orissa aux saris de coton violet, le «swami», un brahmane avec la couette au centre du crâne et un *dhoti* jaune safran, quelques grands hommes maigres au teint gris portant des *dhotis* blancs et finalement deux jeunes hommes vêtus à la moderne. Tous amateurs de *paan.*

Nous atteignons finalement Rishikesh vers 17 h, après 11 heures de route, contents de revenir à notre modeste hôtel comme si nous revenions à la maison. Nous prenons deux sodas à la lime et nous nous lavons à grande eau. Les gens de l'hôtel paraissent également soulagés de nous voir revenir.

Nouvelle panne d'électricité avant le souper que nous allons prendre au sympathique Vishram: riz aux œufs et légumes. Puis nous marchons un peu dans la rue, plus calme ce soir, et allons visiter un temple dédié à Shiva et à la Trimurti. Les statues de dieux ont des formes géométriques, comme à Puri.

10 octobre

Après une vraie nuit de repos, nous quittons le Kailash Hotel et prenons l'autobus pour Harwar qui apparaît toute belle de la route, avec ses édifices blancs et ses nombreux temples sur les *ghats*. C'est une ville sainte parce qu'elle est située au confluent de deux cours d'eau *(sangam)* et il s'y déroule chaque année d'importants pèlerinages.

Le coolie de Harwar

Nous sommes toujours sur la *waiting list* pour le train de Lucknow; quant à nos autres réservations, il n'en est plus question. Le ventre vide, mais déterminés, nous décidons de retourner à Delhi, notre havre de salut. L'autocar nous attendait presque pour partir. L'homme le plus important au terminus d'autobus, c'est le coolie: il trouve l'autocar que nous cherchons et monte nos bagages sur le toit. À peine montés, nous partons. Quelle différence avec les interminables attentes pour le train.

Nous roulons pendant un moment entre deux haies d'arbustes à fleurs jaunes abondantes et des brassées de bougainvilliers escaladent les murs. Nous traversons la vaste plaine du Gange, à la fertilité légendaire. Tout pousse ici en abondance. Le long de la route, quelques villages offrent leurs marchés de fruits et de légumes, des comptoirs d'aliments et de boissons et les inévitables *tea stall*. Les rickshaws sont partout présents. Nous croisons un éléphant à tête décorée qui transporte une charge de plants de blé d'Inde, sa propre nourriture. Image surréaliste: deux femmes couvertes du *purdah* noir assises dans un rickshaw au milieu d'une foule d'autres rickshaws.

Nous traversons également de petites villes qui bourdonnent d'activités: il y a du monde partout, à pied, à vélo, en scooter, en auto, en *tonga*. Des bœufs magnifiquement nobles tirent leur charge. À Meerut, c'est un dromadaire qui tire sa charrette au milieu de la circulation automobile. Sombres fleurs d'eau, les buffles aux grandes cornes se vautrent dans des étangs pour échapper à la chaleur intense.

Des vendeurs montent dans l'autocar à chaque arrêt, chacun lançant son cri ou sa ritournelle particulière. Nous lunchons de quelques bananes agréablement sucrées. Ce voyage à travers la plaine fertile et fleurie nous a rendus de bonne humeur.

Après cinq heures de route, nous entrons à Delhi qui se déploie devant nous. Nous passons d'immenses chantiers de construction domiciliaire et entrevoyons les tours et les coupoles du Fort Rouge et de la grande mosquée. À Kashmiri Gate, nous descendons au milieu d'une nuée d'auto-rickshaws qui exigent jusqu'à trois fois le prix pour nous conduire à la gare de Delhi. Un conducteur gentil nous y amène finalement, mais nous ne reconnaissons pas la gare que nous abordons par l'arrière. Après un moment de confusion, nous traversons une dizaine de quais pour nous retrouver dans la section qui nous est familière et où se trouve le bureau d'aide aux touristes étrangers. Il est heureusement ouvert en ce samedi après-midi et nous y obtenons, comme par magie, des réservations pour Bénarès, Madras et même Bombay, dans un mois. Ce tour de magie, faisant suite aux grandes difficultés de la dernière semaine, a changé le cours de notre voyage. Nous avons abandonné l'idée de revisiter Lucknow, Allahabad et Khajuraho, lieux que nous avions visités tout à loisir lors de notre premier voyage.

Le rire d'Ananda Moyi

À Allahabad, nous avions même été invités à participer pendant deux jours à la grande *puja* de la Dusserah où Ananda Moyi incarnait la déesse Durga. Quand elle prit connaissance de notre présence, elle demanda à nous voir et nous reçut avec son rire habituel, les mains pleines de fleurs et de sucreries qu'elle nous offrit. Elle s'informa de notre voyage et nous fit les meilleurs souhaits. Nous l'avions revue quelques instants plus tard, dans une somptueuse tenue de mariée, trônant dans le temple à la place de la déesse et recevant l'adoration des fidèles. Ce rôle est d'habitude tenu par des statues que l'on va par la suite immerger dans le fleuve. Nous avions ensuite assisté à une réception et mangé des *roshgaullas,* pâtisseries en forme de boules qui constituent un *prasad,* offrande et participation à la *puja*. Un jeune brahmane, Radjar Dove, nous avait alors pris en charge, logés dans l'immense maison coloniale de sa famille, et invités à dîner à l'extérieur. Nous avions passé la soirée en sa compagnie à écouter des *ragas* en buvant du scotch. Le lendemain, la ville était en fête; de grandes statues des dieux, montées sur des éléphants ou tirées par des bœufs, défilaient dans les rues pour la Ram Lila, une version populaire de l'épopée classique du Ramayana. Nous nous étions rendus en barque au *sangam,* lieu de rencontre des trois fleuves sacrés, le Gange, la Yamuna et un mystérieux fleuve souterrain, puis nous avions rencontré un journaliste, Alohe Mitra, qui avait tenu à nous inviter chez lui pour un savoureux dîner bengali et qui nous avait quittés en offrant à Yolande quelques beaux saris qu'il lui avait fait choisir chez un marchand.

Cette fois-ci, nous avons donc décidé d'abréger notre séjour dans le Nord pour pouvoir mieux profiter de notre voyage dans le Sud. À la sortie de la gare de Delhi, c'est de nouveau la foire au stand de taxis-scooter. À un moment, ils sont 10 autour de nous à demander où nous voulons aller, alors même que nous en avons déjà choisi un. Yolande les compte à haute voix et demande en ironisant: «Faut-il 10 Indiens pour conduire un rickshaw?» Surpris, ils laissent tomber rapidement. Nous entreprenons la recherche d'un hôtel, notre conducteur nous imposant ses suggestions. Nous refusons un hôtel dans une rue malpropre et défoncée que Yolande imagine pleine de vaches nous attendant à la sortie et aboutissons finalement au Jakuso Inn, à Connaught Circus, qui nous avait d'abord été proposé. Après la grande fatigue et l'inconfort des derniers jours, nous nous paierons le luxe d'un véritable hôtel, propre et confortable, avant de repartir dès demain pour Bénarès.

Nous retrouvons la bonne bière froide, après la pénurie de *Rishikesh,* et téléphonons à Montréal pour la première fois; mais, après une longue attente, la transmission est tellement mauvaise que Yolande ne peut échanger que quelques mots avec sa mère dont elle reconnaît à peine la voix très lointaine.

Dans la rue, les rabatteurs continuent de nous proposer un voyage à Srinagar, etc. Comme pour marquer cette parenthèse imprévue dans notre voyage «indien», nous allons dîner au restaurant chinois du Nerula Hotel. Quelques beautés de Delhi, magnifiques saris et bijoux en or, s'y sont donné rendez-vous. Pour le reste, ça ressemble un peu à nos restaurants chinois de Montréal. Universalité de là cuisine chinoise!

Au cours d'une courte promenade dans des rues presque désertes, un homme nous tend son bébé en quêtant. Nous avons remarqué qu'il y a plus de mendiants à Delhi que partout ailleurs. C'est à peine si nous en avons rencontré une dizaine, en dehors de Delhi et des sanctuaires, depuis notre arrivée en Inde.

Nous entrons tôt pour profiter d'une bonne nuit de repos dans des draps tout blancs, avant de reprendre la route.

VI

Voir Bénarès, ville sainte et polluée

11 octobre

Petit déjeuner de luxe à l'hôtel: ça fait dimanche. Promenade matinale dans le parc Nehru, puis autour du Connaught Circus. Les magasins sont fermés et la ville est d'un calme surprenant.

Après quelques préparatifs de dernière heure, nous nous rendons à la gare vers midi. Cette fois-ci, aucun problème, sauf que nous n'avons pu obtenir un compartiment climatisé, la grande différence étant qu'il faut voyager avec les fenêtres ouvertes et en ressortir couverts de suie. Dans les gares, on ne nous demande plus «où» nous allons, mais si nous avons des réservations.

«Regardez, ne jugez pas»

Un groupe de Hollandais envahit notre compartiment et le contrôleur nous déménage dans un compartiment avec trois Indiens et le responsable du groupe hollandais, un grand gaillard de 40 ans. Côté indien, un militaire armé qui mettra six heures à se dérider, un maigrichon édenté d'une grande gentillesse et un intellectuel Bengali dans la cinquantaine M. Ganguri, employé du gouvernement. Il engage aussitôt la conversation avec le Hollandais qui porte des jugements sommaires sur l'Inde où il vient d'arriver et lui explique que pour juger d'un pays il faut en avoir une vue d'ensemble et pouvoir aller au fond des choses. M. Ganguri rit de bon cœur tout en se payant franchement la tête de son interlocuteur en lui démontrant qu'il ne comprend rien et ne sait pas voir les choses. Tout y passe, les castes, les religions, le développement social, etc., toujours avec des références à la courte histoire de l'Inde moderne (40 ans) et à son incidence sur le développement du pays. «Regardez, dit-il. Ne jugez pas!» On apprend qu'il a été professeur et conférencier avant de devenir fonctionnaire.

Le train se balance allégrement et nous roulons toute la journée dans la vaste plaine du Gange. Des cultures à perte de vue... Quelques moissons ont été récoltées et des paysans travaillent encore dans les champs, des femmes surtout, par petits groupes. Pas de foule, si ce n'est aux barrières des traverses du chemin de fer. Quatre femmes en saris de coton de couleurs vives conversent tranquillement avec leur grand panier sur la tête. Des troupeaux de buffles dans les champs ou vautrés dans des étangs. Une multitude de grues blanches près des points d'eau et des pique-bœufs sur le dos des bêtes. Une belle campagne qui paraît située hors de l'histoire dont il est question dans nos discussions.

M. Ganguri s'intéresse à notre voyage, nous situe Badrinath dans l'histoire de la renaissance hindoue animée par Sankaracharya. Il a travailé avec Mère Teresa qu'il considère comme une mère. Sa femme, qui est médecin et qu'il appelle *My Mrs*, fait aussi du bénévolat dans les milieux démunis. Il nous invite chez lui avec insistance, nous offrant même sa maison.

D'autres Indiens du compartiment se mêlent, à l'occasion, à la conversation. Quant au Hollandais, il nous trace un sombre tableau de son pays: trop petit, peu d'emplois pour les jeunes, l'ennui. Il voudrait vivre ailleurs, mais il ne sait trop où. Il a visité l'Amérique latine et l'Afrique et nous parle avec tout l'enthousiasme d'un écologiste des animaux rares du Kenya.

À la fin du jour, le compartiment se vide et nous nous couchons après avoir enlevé l'épaisse couche de poussière accumulée sur nos banquettes.

12 octobre

Le train arrive en gare à Bénarès à 6 h, avec une heure d'avance. À peine sur le quai, nous avons un jeune rabatteur à nos trousses qui nous fait des commentaires et des recommandations, un petit Jos

Connaissant impertinent et emmerdant. «Pourquoi êtes-vous fâchés si tôt le matin?» nous demande-t-il avec toute la candeur indienne, avant de nous laisser en paix. Il nous conduira finalement à l'hôtel Bombay International dans le taxi de son oncle, pour cinq roupies. En attendant l'ouverture des bureaux de réservations, nous nous réfugions au restaurant de la gare, car la salle d'attente est trop encombrée et il y fait trop chaud.

La cohue des rickshaws

Le Bombay International, situé près des *ghats,* nous propose une chambre très confortable. Douche bienfaisante après un aussi long voyage, après quoi nous nous risquons dans les rues de la ville, mais nous sommes rapidement perdus et décidons de prendre un rickshaw vers une banque introuvable. Dans la rue, c'est une incroyable cohue. Des centaines de rickshaws se côtoient, se frôlent et se suivent à pas de tortue, quand ils ne sont pas complètement paralysés. Pollution de l'air et chaleur insupportable. Nous croyions avoir tout vu, après Delhi, Srinagar et Rishikesh; ce n'était rien à côté de la cohue de Bénarès.

On nous laisse finalement devant un édifice vétuste où je cherche un comptoir bancaire dans un véritable labyrinthe. Mais on n'y fait pas le change étranger. Nous prenons un grand jus d'orange frais dans la rue et marchons quelque peu sous un soleil tuant en suivant les flèches indiquant la direction du Temple d'or *(Vishwanath).* Quatre hommes se dirigent vers les *ghats* portant sur un brancard un cadavre emmailloté de tissus aux couleurs vives et argentées.

Dans un dédale de ruelles qui nous apportent ombre et fraîcheur, nous tentons d'éviter les guides improvisés, mais un commerçant nous conduit finalement vers une terrasse qui domine le Temple d'or enfoui au milieu des bâtiments agglutinés. Un haut-parleur diffuse la voix caverneuse d'un brahmane qui récite un texte liturgique. Toute l'Inde résonne dans cette voix qui s'associe intimement à la vue des sikharas d'or perçant le ciel bleu. En redescendant, nous entrons dans un temple d'où on nous expulse et entrevoyons l'intérieur de quelques autres temples. Nous poursuivons dans ces ruelles agréablement ombragées, bordées de comptoirs de toutes sortes dont beaucoup de boutiques de tissus précieux, disputant parfois le passage aux vaches qui se prévalent d'une priorité difficilement disputable.

Beaucoup de dévots et de vendeurs de fleurs pour la *puja* près des nombreux petits temples. Les enfants paraissent hostiles et ont des gestes de dédain. Nous croisons deux jeunes Français qui nous refilent leur guide pour visiter le temple népalais. Élégant édifice qui nous rappelle les temples de la vallée de Katmandu, avec ses supports de bois et ses fenêtres entièrement sculptées. Le desservant du temple nous décrit froidement les sculptures érotiques: «Une femme et un homme... l'homme a le pénis et la femme l'eau... l'homme doit mettre le pénis dans l'eau; deux femmes et un homme, l'une s'unissant avec l'homme tandis que l'autre a terminé; une femme et un homme dans une pose de yoga acrobatique.» Certaines des sculptures ont plus de cinq cents ans; d'autres ont été restaurées plus récemment à Katmandu.

Du temple, nous entrevoyons le Gange où reposent quelques bateaux. Au retour, toujours par les petites ruelles tellement plus paisibles que les rues, nous faisons de petits achats et contemplons de magnifiques brocarts, la spécialité de Bénarès. Ces tissus d'une telle splendeur et d'une si grande finesse sont les œuvres incomparables des habitants souvent les plus pauvres de cette ville sale et délabrée, comme une véritable métamorphose. Cela aussi, c'est le mystère de l'Orient.

Le rickshaw que nous prenons pour entrer s'égare; le conducteur s'informe aux passants. Ces conducteurs de rickshaw ne parlent, ne comprennent, ni ne lisent l'anglais, sauf pour discuter des chiffres et des roupies. Le nôtre ne parvient à retrouver l'hôtel Bombay qu'après avoir parcouru deux fois sa route. Il ne faut pas être pressé; mais la bière froide que nous avons achetée est devenue chaude et nous sommes harassés.

Par la fenêtre de notre chambre nous parvient l'odeur âcre des feux de charbon, comme à Pékin. Nous descendons au restaurant de l'hôtel pour un curry de poulet; c'est notre seul vrai repas de la journée.

13 octobre

Lever à 4 h 30 pour ne pas rater le départ (5 h 30) d'une excursion en bateau sur le Gange et d'une tournée des temples et de l'université.

Nous quittons l'hôtel en rickshaw; on allume des feux le long des rues désertes. Quelques vaches et chiens errants. Le lever et le coucher du soleil se produisent presque subitement dans une sorte de brouillard mêlé de pollution.

Nous atteignons le bus au Tourist Bungalow. Le guide M. Prasad est un homme sympathique, intelligent et plein d'humour. Nous passons devant le Central Hotel où nous avions habité jadis. La ville était alors plus calme et plus accueillante.

Ablutions rituelles dans le Gange

Du centre de la ville, nous atteignons à pied notre barque et longeons lentement les *ghats,* alors que la boule du soleil commence à peine à s'élever au-dessus de l'horizon. Des dizaines de fidèles procèdent à leur bain rituel, entrant dans les eaux du Gange, prenant de l'eau entre leurs mains en un geste d'offrande, la portant à leur bouche, puis au-dessus de leur tête, se livrant ensuite à des ablutions de toutes les parties du corps, rinçant même leurs oreilles à l'eau sacrée qui ne paraît pas très propre. Des déchêts, surtout des fleurs et d'autres offrandes flottent sur le fleuve. Quelques *sadhous* dans des poses yogiques spectaculaires occupent les marches ou entrent carrément dans l'eau.

Nous passons devant les palais des maharajahs et les centres d'hébergement pour les pèlerins; il y en a même un pour les pèlerins japonais. Également une maison d'accueil pour les veuves construite par un prince musulman. Nous passons finalement devant les brasiers funéraires (interdiction de photographier) avec leurs piles de bois sur les quais et la présence du maître incinérateur à la tête tondue, des fendeurs de bois et autres assistants.

Lors de notre précédent voyage, nous avions parcouru les *ghats,* les pieds dans la boue, faisant station à plusieurs lieux de culte où on nous accueillait en nous passant une guirlande de fleurs au cou et en nous imposant le *tilak* rouge sur le front.

Cette ville, dont le nom ancien est Kashi et qui remonte à un demi-siècle avant Jésus-Christ, a été complètement rasée par les envahisseurs musulmans et son premier temple d'or remplacé par une mosquée. Le nom actuel, Varanasi, tient au fait qu'elle est située au confluent de deux rivières sur la rive occidentale du Gange, Varuna et Assi.

Ayant quitté la barque, nous sillonnons les mêmes ruelles étroites qu'hier, passant devant une multitude de petits oratoires et de lingams, signes de Shiva à qui la ville est dédiée, pour atteindre le Temple d'or où se déroule la *puja* matinale. Après quoi, nous retrouvons l'autocar pour aller prendre le petit déjeuner au Tourist Bungalow: deux œufs dont l'un est mollet, l'autre dur. Puis retour en ville pour visiter le temple Durga, où il faut se défendre des petits singes taquins et parfois agressifs. Une Indienne se bat avec un singe qui veut lui voler son sac et un jeune homme de notre groupe se fait griffer le bras. Nous circulons sur une plate-forme autour du temple (où nous ne sommes pas admis) et pouvons assister au rituel de la *puja*. De nombreux hindous défilent devant la déesse noire, avec une dévotion évidente, et devant les petites chapelles latérales dédiées à d'autres dieux, y posant les gestes rituels immémoriaux. À l'arrière du temple, des fidèles touchent une rosace au bout de leurs bras et tournent ensuite sur eux-mêmes de droite à gauche.

La visite de ces temples nous permet de constater à quel point la ferveur et la dévotion populaires sont demeurées présentes dans toutes les couches de la société.

Dans la rue, M. Prasad nous accompagne pour marchander avec nous une pièce de coton imprimé que Yolande désire se procurer, puis nous rejoignons les autres au temple Rama, édifice moderne en marbre où trônent les statues de Rama, de son épouse Sita, de son frère Lakshmana et du singe Hanuman, le parfait dévot. Les murs portent le texte du Ramayana qui est la geste sacrée dont le modèle marque encore aujourd'hui la vie quotidienne des hindous.

Dans une aile du temple, un maître d'âge mûr s'adresse calmement à une cinquantaine de *swamis* vêtus d'ocre assis devant lui, pendant qu'un cameraman étranger tourne un bout de film. Nous apprenons qu'il s'agit de Swami Chandra, un homme très impliqué dans la politique de l'État. Il accompagnait le président Sing, la semaine dernière, quand ce dernier a été victime d'une attaque cardiaque. «Je commence à douter de lui», dit avec humour notre guide Prasad.

Nous visitons également le temple de Mother India, abritant une immense carte en relief de tout le sous-continent. Puis nous traversons le long campus de l'université hindoue de Bénarès, la plus grande université indienne et la plus célèbre école de sanscrit. Vingt mille étudiants fréquentent cette institution. Le fondateur monsieur M. Mahiya a voulu en faire un foyer de culture hindoue, en dehors de tout préjugé de foi ou de caste.

De nombreux édifices entourés d'îlots de verdure et d'arbres fruitiers rappellent le style de Fathepur Sikri. Dans un temple moderne à proximité de l'université, nous assistons à l'exécution d'un *raga* joué aux *tablas* (tambours) accompagnés d'un petit harmonium.

À la fin du tour, le guide nous conduit dans un musée possédant une très belle collection de miniatures. Sur la route du retour, nous croisons pour la troisième fois un cortège funèbre transportant sur des brancards ce qui semble être le corps d'un enfant, recouvert de brocarts éclatants. Le cortège est silencieux, alors que celui que nous avions vu plus tôt défilait au son de la musique des tambours et des flûtes.

M. Prasad, qui s'occupe amicalement de nous, nous conduit ensuite à la banque et nous fait ses adieux. Nous promettons de lui écrire.

Pour échapper à la chaleur du midi, en attendant le départ pour la visite de Sarnath, nous nous réfugions à l'hôtel India pour une bonne bière froide, des *parathas* farcis accompagnés de *raïta* (yogourt et concombre). Ahmad, le conducteur de rickshaw qui nous y conduit nous dit qu'il nous attendra jusqu'au retour de notre expédition. Les Indiens peuvent ainsi attendre des heures pour un mince profit, sans tenir compte de leur temps. Malheureusement, nous ne reviendrons pas par la même voie.

À 14 h 30, nous reprenons l'autobus pour visiter Sarnath, l'un des sites archéologiques du bouddhisme primitif. On y trouve les fondations d'un immense monastère et des colonnes en ruine, dont celle du célèbre pilier de l'empereur Ashoka (IIIe siècle avant Jésus-Christ) dont le chapiteau aux trois lions se trouve dans le musée qui expose également de splendides sculptures bouddhistes. Les plus belles datent du Ve siècle, têtes exprimant une grande sérénité et corps aux lignes simples, le drapé qui le moule tombant d'un seul trait. Les sculptures du VIIIe siècle témoignent du renouveau insufflé par l'art *gupta*.

À la sortie, nous traversons les ruines de l'ancien monastère, pour accéder à une stupa historique dont il ne reste que l'immense cylindre de briques qui en formait la base. La partie inférieure comporte encore quelques pierres sculptées d'origine.

Nous nous engageons ensuite sur la route cahoteuse du fort Ramnagar, l'ancien palais d'un maharaja transformé en musée. On y défile devant une collection impressionnante de voitures princières, dont une en ivoire, ainsi que de palanquins, de sièges et de selles d'éléphants de l'époque. L'un de ces sièges est fait d'or pur. Ce sont les trônes que l'on voit illustrés dans les miniatures mogoles. Visite également de la salle d'audience et de la chambre à coucher où une immense couche est dominée par un éventail qui devait être activé par un serviteur. Une véritable visite touristique, assez assommante, dans un groupe d'Anglais, de Français, de Danois et d'Indiens.

Nous revenons à travers des champs tout verts où un éléphant et un chameau paraissent s'être égarés. Les petits bourgs se succèdent, accumulation de cambuses le long de la route où le feu est allumé pour la préparation du repas du soir.

En panne sur le pont

Nous sommes fatigués et assoiffés, car nous avons oublié d'apporter de l'eau et, comble de malheur, l'autobus tombe en panne sur le pont qui enjambe le Gange. Après un moment de désarroi, tant de la part des passagers que du guide et du chauffeur, un autobus de ville déjà bondé accepte de nous prendre à son bord. Nous nous y entassons tant bien que mal, ne sachant trop où l'on nous mène. Nous descendons finalement dans le noir, à un carrefour inconnu; mais le chauffeur nous trouve un conducteur de rickshaw, lui indique notre hôtel et fixe le prix de la course.

Après une demi-heure de route, nous arrivons finalement à l'hôtel et commandons vite une bouteille d'eau froide et prenons une douche qui nous remet d'aplomb. Succulent repas *gujarati* au restaurant: trois plats de légumes épicés, du yogourt, du riz, des *chapatis* et des *pappadams* (beignets frits très croquants à la farine de lentilles). Une journée harassante, mais bien remplie.

14 octobre

Le lever est plus détendu ce matin. Vers 7 h, nous nous acheminons vers l'ashram d'Ananda Moyi sur les *ghats*. Un passant nous guide dans les petites rues qui y conduisent. Un brahmane âgé, vêtu de blanc, nous y accueille gentiment. Il nous fait visiter l'oratoire où trône une grande photo de Mataji, puis la fosse sacrificielle où ses cendres ont été déposées après sa mort survenue il y a trois ans dans son pays natal du Bengali oriental. Elle avait 86 ans. Une lampe brûle constamment devant ses cendres.

Nous montons ensuite à l'étage où de jeunes pensionnaires récitent des versets sacrés. (Elles sont éduquées à l'ashram et décident ensuite de leur vie. Elles peuvent ou quitter ou demeurer ici.) Un vieillard nous parle en anglais et nous apprend que personne ne connaît le Dr Wintrop, ce disciple français que nous avions rencontré en 1958. Nous aurions aimé savoir ce qu'il était devenu.

Nous nous recueillons finalement dans la chambre d'Ananda Moyi où sont exposées de nombreuses photos de toutes les époques de sa vie. Sur une grande photo disposée au centre, elle pose telle une séductrice. Autour, les quelques objets qui lui ont appartenu. Peu de choses: trois ou quatre livres, un linge pour s'éponger le visage, une serviette, quelques petits pots, trois conques, une paire de sandales de luxe (sûrement un cadeau) et l'empreinte de ses pieds dans une plaque de marbre. Nous ressentons une grande émotion au souvenir ainsi ravivé de cette femme sans attache, constamment en voyage à travers le Nord de l'Inde. C'est ainsi que nous avions croisé sa route à Delhi et à Allahabad.

Dans l'ashram, tout est propre et ordonné. Il donne sur le Gange, vue inspirante entre toutes. Nous y descendons; je m'y asperge la tête et nous poursuivons notre promenade sur les *ghats*. Un *sadhou* très âgé portant une magnifique barbe blanche paraît totalement concentré. À côté, son bâton (plutôt une tige de fer) portant le trident de Shiva. Un homme qui se trouve là nous interdit de prendre des photos à moins de payer 10 roupies. La vue est magnifique et les *ghats* à cet endroit sont presque déserts.

Sur le chemin du retour, nous cherchons à acheter de l'eau embouteillée et découvrons un restaurant à l'occidental, The Zing Thing où nous prenons le petit déjeuner avec un jus de fruits fraîchement pressé. Nous entrons à l'hôtel, faisons nos bagages (j'abandonne mes souliers de course devenus trop encombrants, pour ne garder que mes sandales) et prenons un scooter pour la gare.

Ainsi se termine ce séjour à Bénarès, commencé dans un climat d'appréhension, mais qui nous a finalement comblés.

La salle d'attente est moins encombrée qu'à Delhi, mais ici personne ne nous parle. Un homme, son appareil radio collé à l'oreille, écoute une partie de cricket. Depuis le Ladakh, nous remarquons une grande passion pour ce jeu dont les finales sont en cours. Dès que l'on voit deux ou trois hommes réunis autour d'un appareil radio, au restaurant ou dans la rue, c'est inévitablement pour suivre une partie de cricket.

VII

Quarante heures dans le Kashi express pour Madras

Cinq heures à attendre le train pour Madras. Lunch au buffet de la gare: curry de poulet, c'est tout ce qui reste... comme il y a 30 ans. On se promène sur le quai n° 3, on fait cirer nos sandales (ce n'est pas un luxe!), on achète un journal que deux autres passagers nous empruntent, on boit du thé et le temps passe à l'indienne. Certains vont prendre leur douche, d'autres s'étendent par terre. C'est le luxe des gares. Finalement notre train entre en gare une heure plus tôt que prévu, mais il a changé de quai. Il faut être attentif à tout et se renseigner souvent si on veut éviter les surprises désagréables. Quelqu'un nous dit que notre nom figure sur la liste d'un *sleeper* de première classe. Nous partagerons un compartiment fort confortable avec un couple du Bihar, M. Prasad et son épouse qui ne dira pas un mot de tout le voyage. Lui, c'est un militant de l'indépendance d'avant 1947 et il a droit, à ce titre, à une année entière de voyage par train gratuitement. C'est un propriétaire terrien, marié depuis 41 ans et père d'une fille et d'un garçon. Il nous explique quelques coutumes touchant les mariages qui sont contractés de décembre à mars et en mai ou juin; certaines années, il n'y a pas de périodes de mariage. Tout cela est réglé selon les horoscopes dont Bénarès détient la clé pour les hindous. Ce sont les pères qui décident du mariage qui n'est jamais contracté entre parents ni à l'intérieur du village; c'est une forme d'exogamie. Un homme parlera de «ma femme», mais une femme dira plutôt «le père de mon enfant»; les hommes qui désignent leur femme comme *my Mrs* sont de la «haute».

M. Prasad évoque la présence au Bihar des «Devasis», ces espèces d'errants dont a parlé Alain Daniélou, qui vivent dans les forêts et seraient les détenteurs d'une tradition shivaïte qui a précédé l'arrivée des aryens indo-européens.

Le personnel du train est particulièrement gentil et accueillant. Nous conversons avec deux jeunes, l'un de Madras, l'autre du Kerala; ils viennent nous voir quand ils ont un moment de libre. Celui du Kerala est un évangéliste qui, nous raconte-t-il, a forcé Dieu à lui dire ce qu'il voulait de lui et il a compris qu'il devait prêcher. C'est ainsi qu'il s'est rendu à Singapour et qu'il s'apprête à aller au Texas pour rejoindre son frère également évangéliste. Deux jeunes femmes soviétiques, dont l'une est Ukrainienne, qui travaillent à Bénarès, échangent aussi quelques mots avec nous.

À propos des États-Unis, M. Prasad nous raconte l'histoire d'un étudiant indien, stagiaire dans un hôpital de New York, qui, ayant assisté au suicide de quelqu'un qui se jetait d'un 21ᵉ étage, a aussitôt pris l'avion pour l'Inde. «Ces gens sont matérialistes, dit-il, et ne se préoccupent pas des autres. En Inde, nous sommes toujours au milieu de nos parents et nous nous soucions des autres. Nul n'est jamais seul.»

Petit souper indien *(thali)* qu'on nous sert dans le compartiment. Nous sommes les seuls étrangers dans ce train, avec les deux jeunes femmes soviétiques.

Coucher tôt sur nos banquettes qui se transforment en deux couchettes pour la nuit. Le compartiment est tranquille et le train roule sans trop de soubresauts.

15 octobre

Déjà un mois en Inde! Nous sommes dans le Kashi Express 140 où nous allons vivre presque trois jours, en route vers Madras.

Nous ferons aujourd'hui connaissance avec de nouveaux voisins de compartiment, un couple de Bangalore, très chaleureux et sympathique.

Au pays des dacoïts

Nous traversons d'abord des plaines indéfinies parsemées de beaux arbres. Il y a peu de monde. Par-ci, par-là, quelques attelages de bœufs qui refont les sillons ou quelques paysans qui s'affairent à la récolte ou à la préparation des champs. Une petite ville du Madya Pradesh (Piparia) et quelques villages aux toits de chaume ou de belles tuiles rouges comme dans le Midi de la France, puis nous entrons dans une région montagneuse dont les forêts denses enserrent le chemin de fer. Cette partie du Madya Pradesh était réputée pour ses *dacoïts*, genre de voleurs de grand chemin.

Ces grandes étendues inhabitées offrent une image souvent peu familière de l'Inde. Notre imaginaire «catastrophique» voit facilement un pays où les gens s'entassent, occupant chaque pouce de terrain. Seules les grandes villes répondent à cette idée d'entassement. La campagne est le plus souvent espace et verdure.

Nous nous lions d'amitié avec nos voisins de Bangalore, S. Gopalakrishnan, ingénieur pour les industries indiennes du téléphone (le système téléphonique est encore bien peu développé en Inde où presque personne n'a le téléphone), et sa femme Uma Rani. Uma est une femme gâtée et oisive qui adore son mari avec lequel elle bavarde, ce qui est très rare en Inde. Ils sont mariés depuis 15 ans et ont 3 filles dont s'occupe la grande famille. Uma a hâte de les revoir, spécialement la plus petite Lakshmi qui a 2 ans. Uma n'a aucune fonction précise dans la famille et s'ennuie un peu, mais ne désire pas changer de genre de vie. Sa sœur se mariera bientôt et elle nous invite à la cérémonie. Nous essaierons d'y aller...

La journée se passe à bavarder, à boire du café et à somnoler. À l'extérieur, quelques petits villages de terre et des bœufs tirant une charrette sur la route. Nous apprenons que la mère d'Uma s'est mariée à 10 ans, Uma elle-même à 16 ans. Ils sont 13 dans la grande famille *(joint family)*.

Le voyage, qui devrait durer 40 heures, se déroule ainsi de façon plutôt agréable. Notre compartiment est propre, confortable et insonorisé. C'est pour nous une drôle d'impression, après avoir passé près d'un mois dans l'Inde du Moyen Âge, ses cambuses et sa saleté, de nous retrouver comme dans un salon, en compagnie d'Indiens de la nouvelle classe moyenne, parlant de choses et d'autres. Tout y passe: les coutumes, les soucis familiers, les vacances, les économies, les émissions de télévision, les achats pour la maison, la table de la salle à manger qui a maintenant trouvé place dans les foyers «modernes», alors qu'auparavant on mangeait assis par terre.

M. Prasad (Prasad est un titre, dit-il; «nous sommes la plus importante famille d'administrateurs de l'Inde») nous raconte qu'il a fait six ans de prison et qu'il a ensuite parcouru l'Inde pour le compte du Parti socialiste de Nehru. Il possède une imprimerie que son fils administre et il lui reste à marier sa fille. Cela lui coûtera 20 000 $ et encore, dit-il, ce n'est pas sûr. La coutume voulait autrefois que la célébration du mariage dure une semaine; aujourd'hui, on la réduit généralement à trois jours pendant lesquels il faut assurer la subsistance de tous les invités.

16 octobre
Deux heures dans la tornade

Au réveil, le train est immobilisé et fouetté violemment par des masses d'eau. On nous dit que c'est un cyclone qui a pris naissance dans le golfe du Bengale que nous longeons. Nous sommes tout près de la gare d'Amangulu, à quelques heures seulement de Madras. Autour, les arbres et les huttes sont secoués par la tourmente. Les terres sont inondées jusqu'à la hauteur de la voie ferrée. Heureusement que les fenêtres de notre wagon sont hermétiquement fermées; nous imaginons la catastrophe dans les wagons de deuxième classe.

Nous restons ainsi stationnaires pendant deux heures, avant de pouvoir repartir. Une semaine plus tard, au même endroit, un train sera renversé par une tornade.

C'est maintenant le paysage du Sud. Nous traversons des rizières inondées.

Nous sommes en retard de quelques heures, mais le temps passe vite. Notre compartiment est devenu une sorte de salle de conférence où se retrouvent les préposés aux wagons et deux jeunes filles qui travaillent dans les télécommunications (l'une d'elles a appris le français). Société, criminalité, éducation, niveau de vie, etc., tout y passe.

La campagne a pris une douce coloration verte; les rizières, traversées de sentiers de terre rouge, s'y déroulent à perte de vue, coupées de rangées de palmiers à tête haute. Des troupeaux de chèvres et de vaches entourent des huttes de chaume. Ici des paysans courbés au-dessus des rizières font le repiquage des plants de riz et là-bas un attelage de bœufs blancs aux cornes en demi-lune tirent une charrue. Plus loin, un groupe d'ouvriers réparent les rails; des ouvrières en sari rouge, comme on en voit partout, transportent des paniers de terre sur leur tête.

Nous arrivons à Madras avec trois heures de retard; le voyage aura duré 43 heures.

Inévitables discussions avec les conducteurs de taxis-scooters qui refusent d'utiliser le compteur et fixent des prix fantaisistes. Premier hôtel, complet; deuxième hôtel, trop cher; troisième hôtel, le Picnic Hotel situé au début de ce long trajet, convenable; mais la course nous a coûté 42 roupies. La chambre est relativement en bon état, mais il y a des taches sur les murs vert lime. La moquette est vert sapin et le miroir est barbouillé, mais les lits sont propres. C'est ce qui importe. Le liftier demande un pourboire supplémentaire, parce que, dit-il, nous sommes des *foreigners*. Yolande lui dit que, si nous étions riches, nous irions au chic Taj Hotel, ce qui l'a décontenancé.

Je prends un rickshaw non motorisé pour aller faire les réservations au Tamil Nadu Tourism Development Corporation pour le tour du Tamil Nadu en autocar. Un bureau sombre à l'étage d'un vieil immeuble plongé dans l'obscurité par une panne. La préposée n'est pas loquace. Je parviens quand même à obtenir des places pour l'autocar de supplément pour dimanche, dans deux jours. De retour à l'hôtel, nous nous inscrivons pour un tour guidé de Madras, samedi, le seul jour que nous avons de libre.

Nous nous promenons dans le quartier de la gare et nous nous rendons à l'invitation d'un restaurateur qui nous presse d'entrer dans son établissement. Le restaurant est accueillant et notre hôte, un homme jovial et corpulent, vêtu de la tunique blanche du Sud, nous prend en charge. C'est délicieux et les prix sont ridiculement bas, ce qui illustre la différence entre le coût réel de la vie et les prix touristiques. Notre présence en ce restaurant populaire éveille la curiosité. Nous nous promenons ensuite le long de la Poonamalee High Road, près de la gare. C'est de nouveau le Moyen Âge: entassement, saleté des rues, trottoirs brisés, vendeurs de brocantes un peu partout... Des enfants presque nus sont déjà étendus sur le trottoir pour la nuit.

Nous allons aussi nous coucher, pour nous remettre de notre long voyage en train.

17 octobre
Tour de Madras au son des vidéos

À 5 h du matin, l'orage éclate: éclairs, tonnerre et pluie intense jusqu'à 6 h 30. Puis le soleil se dévoile.

Tour de Madras, par une chaleur torride, dans un vieil autobus. Avant le départ, on projète des vidéos violents, sentimentaux et idiots. Nous sommes les seuls étrangers; les Indiens semblent apprécier ces spectacles.

Premier arrêt, la plage Marina, une très longue plage, très large, au sable fin. Il y a peu de gens et tout est propre à cette heure matinale. On nous propose une promenade à cheval sur la plage, mais nous allons à pied jusqu'à la mer dont l'eau est presque chaude.

Nous faisons ensuite le tour de deux beaux jardins près de l'Université de Madras, puis nous nous rendons au temple Kapalishwara aux *gopurams* ornés de sculptures polychromes. Dédié à Shiva, il comporte un grand bassin sacré et donne une bonne idée de la disposition des temples du Sud. Nos compagnons font leurs dévotions à toutes les chapelles entourant le sanctuaire principal. Nous marchons pieds nus dans la rue pour nous y rendre, sur le macadam tellement chaud qu'il nous brûle les pieds.

Nous enchaînons avec un autre temple situé près de la plage. Il est dédié à Shri Lakshmi, la déesse du succès dont les représentations figurent dans une série de sanctuaires disposés en spirale le long de la tour centrale. Chacune a droit à la dévotion des fidèles: distribution de l'eau lustrale que l'on porte à la bouche et attouchement du front avec une clochette. Un bel éléphant décoré trône sur une plate-forme devant le temple.

Nous traversons ensuite le quartier de Mylapore et d'autres beaux quartiers avec jolis pavillons et verdure, pour atteindre le Snake Park où nous attendent cobras, pythons et autres serpents. L'iguane, le caméléon et les tortues sont beaucoup plus rassurants. Finalement, en passant devant le mémorial de Gandhi, nous atteignons le musée de Madras pour une visite d'une heure.

Nous y revoyons les chefs-d'œuvre de sculpture, pierre et bronze, que nous connaissons bien pour avoir visité ce musée à trois reprises en 1958, sauf que cette fois-ci, nous sommes parmi des familles indiennes. Certaines personnes rendent hommage aux sculptures de dieux exposées; les enfants piaillent et courent partout. Nous retrouvons notre émotion d'antan devant le splendide Nataraja du XIIe siècle (Shiva dansant au centre d'un cercle de feu). Grâce indicible et force dynamique de cette danse cosmique!

Harassés après ce tour de ville sous une chaleur humide accablante, nous nous réfugions à notre restaurant populaire d'hier où nous sommes aussi chaleureusement accueillis. On nous propose cette fois des crêpes de riz dorées *(dosas)*: «Un nouveau mets chaque jour», nous dit le propriétaire en riant. Puis, c'est la douche froide et la bière à l'hôtel, après quoi nous allons faire nos courses (mouchoirs en papier, films, vitamines, etc.) chez Spencer's, un grand magasin où l'on trouve de tout, sauf les tablettes «stéri-tabs» (pour purifier l'eau) qui nous seraient si précieuses.

Puis nous allons dîner au chic restaurant Mysore de l'hôtel Taj Coromandel. On nous offre une boisson au cumin *(zeera panir)* très rafraîchissante en guise d'apéritif. Deux musiciens et une danseuse occupent la scène, à intervalles réguliers. Le poulet *tandoori* est savoureux et le repas se termine par un *paan* très doux (feuille de bétel enduite d'un peu de chaux enveloppant de la noix de bétel, des épices et un clou de girofle). C'était notre premier *paan* de ce voyage et nous l'avons fort apprécié.

Une jolie Japonaise très élégante, assise à la table voisine, engage la conversation en français. Elle voyage en Inde pour y organiser des tournées culturelles et elle est tout heureuse d'avoir l'occasion de parler français.

Discussion à la sortie avec les conducteurs de taxis-scooters qui demandent le double du prix parce que c'est le soir; nous marchons un peu et trouvons un scooter à prix raisonnable. À l'hôtel, le jeune garçon de foi chrétienne qui s'occupe de notre chambre nous attendait, tout content de nous revoir. Il nous demande si nous n'aurions pas un crucifix ou une image pieuse. Non, hélas!

VIII

Le Tamil Nadu à l'indienne, en autocar

18 octobre

Lever à 5 heures pour être au point de départ du tour du Tamil Nadu à 6 h 30. Il pleut légèrement. Nous voyons défiler les autocars devant l'agence et constatons avec plaisir qu'il s'agit cette fois de véritables autocars de luxe. On nous installe sur les sièges avant. L'autocar n'est pas rempli et il y a place pour nos bagages sur les derniers sièges. Notre guide, Kamraj, un jeune homme sympathique, s'exprime en anglais, car les passagers, qui viennent de différents États, parlent l'hindi, le télugu, le bengali, le marathi et le tamoul; ils n'ont que l'anglais comme langue de communication.

Il demande à chacun de se présenter au micro. Bombay, Calcutta, Tirupati (Andhra Pradesh), Poompuhar (Sri Lanka): de l'est à l'ouest, du nord au sud, voilà le vaste éventail que représentent les familles qui font le voyage avec nous.

Au départ, le mécano fait brûler de l'encens sur une noix de coco qu'il a placée devant le bus en un geste propitiatoire, puis après avoir parcouru une courte distance, le car s'arrête pour une *puja* à un oratoire dédié à Ganesha, le dieu éléphant protecteur des voyageurs. Komraj en rapporte de la poudre de santal qu'il distribue à chacun. Nous nous marquons le front du point rouge appelé *khoum-khoum* dans le Sud, symbole de la vision spirituelle, car nous sommes des pèlerins sur la route des grands sanctuaires du Sud.

Nous redécouvrons peu à peu le Sud que nous aimons, avec sa verdure et ses paysages paradisiaques. Nous roulons tranquillement entre deux rangées de tamariniers aux troncs torturés. De chaque côté de la route, des rizières où s'affairent quelques paysans (un rare tracteur remplace les bœufs ici et là) et au-delà, des troupeaux de vaches, de bœufs et de chèvres qui n'encombrent pas la rue comme dans les villes et les villages. De grands cocotiers, tête folle dans le ciel, délimitent les champs.

Nous croisons des charrettes antiques tirées par de magnifiques bœufs aux cornes colorées et recouvertes d'un embout de métal doré. Des femmes portant des vases de cuivre sur la tête ou quelque autre charge vont lentement le long de la route, avec toute l'élégance de l'éléphant, selon l'expression indienne consacrée. C'est le temps des récoltes et des fagots sont disposés sur la route. Des femmes y font le battage des plantes récoltées ou déposent simplement les gerbes sur la voie des autos pour un premier battage gratuit. Nous roulons ainsi sur les récoltes pour de courtes distances.

En cette période de sécheresse, les fleuves ou rivières que nous traversons sont presque à sec et leur lit est recouvert du linge qu'y font sécher les *dhobis,* nom qui désigne les buandiers.

Nous arrêtons à un restaurant typique du Sud pour manger de savoureux *iddlis* (petits gâteaux de riz moulu cuits à la vapeur) servis avec chutney à la noix de coco. À l'heure du lunch, ce sera le repas traditionnel appelé *thali,* du nom du grand plateau en métal sur lequel sont servis le riz, les *pooris* (galettes de blé qui remplacent les *chapatis* dans le Sud) et plusieurs petites coupelles contenant le *poril* (pommes de terre frites dans un mélange d'épices), le *dal* (plat de lentilles), le yogourt, la *raïta,* les chutneys et les pickles. Mais on nous sert d'abord une sorte de soupe épicée appelée *rasam.* Des *pappadams,* magnifiques grands beignets frits et croquants à base de farine de lentille, viennent souvent coiffer le *thali* de leur éclat doré.

Ces arrêts nous donnent l'occasion de converser avec nos compagnons de voyage, particulièrement, ce premier jour, avec la famille de Bombay. Le père, corpulent et jovial, est comptable. Il est accompagné de sa femme et de leurs trois filles, amusantes et coquettes. La conversation a la simplicité de celles qu'on entretient d'ordinaire avec des compagnons de route. Nous ne sommes pas ici objets de curiosité. À l'arrêt suivant, nous partagerons avec eux un rafraîchissant jus de noix de coco entaillée devant nous.

«Darshan» à Srirangam

Vers 16 h, nous atteignons Srirangam, une île sacrée entre les deux bras du fleuve Kaveri. Son temple a pris les proportions d'une ville, avec ses sept enceintes reliées par des portes surmontées de *gopurams* (tours pyramidales sculptées) et ses impressionnants *mandapas,* grandes salles de pierre dont le plafond est soutenu par des colonnes et dont l'une est ici dite «aux mille colonnes». Parmi les œuvres admirables qu'il contient, il faut noter des hauts-reliefs du XIIIe siècle, les piliers de la cour ornés de sculptures de chevaux montés par des cavaliers qui chassent le tigre et deux éléphants sculptés en bas-reliefs qui rappellent ceux de Mahabalipuram. Il se dégage de ce majestueux ensemble une impression de force, d'envol et d'équilibre dont les espaces ne sont pas sans évoquer ceux des grandes cathédrales avant qu'on ne les encombre de rangées de bancs.

Grâce à Kamraj, qui nous trace un *khoum-khoum* très voyant sur le front et qui se porte garant de nous, nous pouvons pénétrer dans les sanctuaires et participer aux rites: réception de l'eau lustrale, imposition des mains sur la flamme que fait circuler un brahmane et distribution de la cendre pour en marquer le front. Le temple est dédié à Vishnou dont on aperçoit dans l'obscurité du sanctuaire principal une imposante sculpture (dans la pose où il est étendu sur un serpent, marquant la phase de repos entre deux manifestations).

Des fidèles forment une longue file en attendant leur tour pour passer devant le sanctuaire pour avoir le darshan, c'est-à-dire être en présence de l'idole, darshan dérivant du verbe voir. À la sortie, plusieurs brahmanes quêtent avec insistance.

Nous atteignons ensuite Tiruchirapali où nous avions célébré Noël dans une famille anglo-indienne en 1958 et avions assisté à une messe de minuit accompagnée de mélodieux cantiques en tamoul; Yolande avait même porté pour la circonstance un sari de voile de coton marron à bordure dorée. C'est d'ailleurs de cette ville, et grâce à l'aide de ces amis, que nous avions pu nous rendre à l'ermitage Sat-Chit-Ananda du père Le Saux, bénédictin français vivant dans la forêt de Theneer Palli. Nous avions passé une journée en sa compagnie et il nous avait expliqué le sens de l'intégration qu'il recherchait entre le christianisme et l'hindouisme, par la voie de la contemplation. La porte du tabernacle de son oratoire portait le symbole hindou de l'absolu, *OM*.

La ville est toujours aussi coquette, mais beaucoup plus bruyante. Nous logeons dans un hôtel très confortable administré par l'État, mais nous décidons d'aller manger à l'extérieur. Il pleut légèrement et nous passons devant un Indien attablé à l'extérieur, sous un parapluie, devant une feuille de bananier qui sert d'assiette dans le Sud. Quand nous revenons après avoir mangé une superbe crêpe fourrée de pommes de terre *(dosa masala)* accompagnée de chutney à la noix de coco, notre homme est toujours là sous la pluie. Cela nous rappelle notre première expérience de la cuisine du Sud. C'était à Mangalore, dans un restaurant populaire qu'on nous avait indiqué. Nous nous étions procuré un ticket pour l'équivalent de 25 cents et étions allés nous installer à une petite table où étaient posés deux verres d'eau et deux feuilles de bananier. Nous attendions, mais personne ne venait nous servir, jusqu'au moment où un client vint s'installer à la table voisine, rinçant résolument sa feuille de bananier avec l'eau du verre. Nous l'avions imité et on vint aussitôt nous servir une grosse portion de riz entouré de tous les légumes, chutney, etc., qui l'accompagnaient et que nous avons mangée de notre mieux avec les doigts de la main droite seulement; c'était la règle et ça l'est encore.

De retour à l'hôtel, je commence à me sentir mal; je crois avoir commis une imprudence en buvant à midi l'eau réfrigérée, mais non purifiée du restaurant. Je souffre d'indigestion accompagnée de fièvre tout au cours de la nuit. De plus, il fait un tohu-bohu dans la rue autour de l'hôtel: klaxons, bus qui démarrent, pétards, musique, etc. Et je suis repris du rhume et de la toux dont nous avons souffert tous les deux dans le Nord.

19 octobre
Kodaikanal hors saison

Lever à 5 h, après cette mauvaise nuit. Nous prenons l'autocar à 6 h vers Kodaikanal (situé à 2133 mètres d'altitude), un lieu de villégiature déjà célèbre sous la domination anglaise. À mesure que nous montons, la végétation de la montagne devient de plus en plus luxuriante. C'est la forêt tropicale peuplée d'arbres de santal, de teck, d'eucalyptus parfumés aux longs troncs dénudés et d'arbres géants comme on en voit à Vancouver et au nord de la Californie. Des buissons fleuris de *poinsettias,* d'hibiscus, de callas à blanc calice, d'immenses volubilis, etc., surgissent en bordure de la route. Une cascade argentée nous attire de loin; elle est entourée d'un extraordinaire jardin de fleurs exotiques surprenantes à cette altitude. Un groupe d'étudiants et d'étudiantes du Kerala s'amusent à prendre des photos et insistent pour nous photographier avec eux.

Plus haut encore dans la montagne s'étagent sagement des plantations de café et de fruits exotiques, ananas, papayes, bananes rouges, avocats, pamplemousses et caramboles, comme une véritable corne d'abondance.

À 12 h 30 nous arrivons à notre hôtel, le Tamil Nadu Tourist Bungalow, où je peux faire une petite sieste. Nous prenons un thé léger avant de repartir à la découverte des lieux: le lac où l'on se promène en bateau et le célèbre «suicide point» qui domine la vallée. C'est vraiment un site enchanteur et on y trouve même des champignons dans la forêt; mais le temps s'est refroidi et la petite pluie qui nous accompagne depuis la matinée devient plus intense. Nous entrons à l'hôtel pour nous réchauffer sous les couvertures. Je sens une nouvelle poussée de fièvre et je saute un deuxième repas pour rester bien enveloppé dans les couvertures; Yolande ne mange que quelques fruits. Nous espérons que demain nous sera plus favorable.

20 octobre

Le beau temps est revenu avec la santé. Nous faisons une petite promenade et conversons avec notre compagnon de l'Andhra Pradesh à propos du temple de Tirupati où les fidèles font don d'une partie de leurs biens. C'est en conséquence le temple le plus riche de l'Inde, mais les biens ainsi accumulés sont redistribués par une fondation de biens communs: hôpitaux, aide à l'éducation des jeunes, etc. La fondation emploie un personnel de plus de 4 000 personnes. Cette formule se rapproche probablement d'un ancien système communautaire hindou, avant l'intervention des institutions d'État.

Nous redescendons vers la plaine, en direction de Madurai, mais nous faisons auparavant un arrêt à un temple en rénovation à Thiruppankundram, temple shivaïte comprenant une chapelle dédiée à Durga et une autre à Subramania, frère de Shiva. *Darshan* avec offrande de lait.

La ville de Madurai, immense et encombrée, nous rappelle Bénarès. De l'hôtel, je dois retourner aussitôt en ville, par une chaleur suffocante, pour encaisser un chèque, parce que Kamraj s'entêtait à dire qu'on pouvait le faire à l'hôtel.

Meenakshi, le temple aux huit gopurams

L'hôtel Tamil Nadu où nous logeons est le plus propre des hôtels «indian style» que nous ayons connus jusqu'à maintenant. Après le lunch, nous nous rendons au temple Meenakshi qui est l'un des plus célèbres de l'Inde. La ville est envahie par la foule et l'autocar doit se frayer difficilement un chemin à travers des milliers de personnes. C'est à la fois spectaculaire et effarant. Les magasins sont pris d'assaut en cette veille de la Diwali, l'une des grandes fêtes de l'Inde. On achète des vêtements neufs pour toute la famille et des sucreries pour les réunions.

Nous devons attendre l'ouverture du temple sous la pluie. Nous y pénétrons finalement par la porte ouest, dominée par un *gopuram* de 156 pieds de haut et couvert de 1 124 sculptures (c'est ce qu'on peut lire à l'entrée). Ce fabuleux monument a été érigé entre 1315 et 1347. Le temple comporte huit *gopurams* presque aussi extravagants.

À l'intérieur, on est d'abord frappés par l'immense bassin sacré dit «du Lotus d'Or», puis par le défilé des *mandapas* qui forment les aires de circulation autour des deux principaux sanctuaires, l'un consacré à Shiva-Sundareswara, «le beau dieu», l'autre à Meenakshi, son épouse, «la déesse aux yeux de poisson». Les sanctuaires, surmontés de deux tours appelées *vimanas*, sont des grottes sombres (cœur du temple et centre du monde) où les idoles apparaissent, noircies par la fumée et le *ghee*, dégageant une odeur lourde de cire chauffée, d'encens, d'huile et de fleurs. L'atmosphère religieuse est ici d'une grande intensité et plusieurs dévots s'y installent des jours entiers, comme cela se faisait en Occident au Moyen Âge. Nous participons aux *darshans* et aux *pujas* et circulons dans les immenses couloirs des *mandapas* aux colonnes sculptées, véritable répertoire iconographique des *puranas* qui sont les récits mythologiques populaires de l'hindouisme. Les longues successions de colonnes aux chapiteaux surmontés d'architraves qui constituent la charpente même du temple, lui confèrent une perspective unique dominant le foisonnement de vie de la pierre: dieux, démons, *asuras,* dévots, plantes et animaux s'y ordonnant en une dynamique fascinante. Le *mandapa aux mille colonnes* a été converti en musée de sculptures et contient à lui seul plus de chefs-d'œuvre en bronze que le musée de Madras. On y remarque également un gigantesque Nataraja en pierre d'une grande force.

Le temple est constitué de deux unités juxtaposées, ce qui justifie la présence de huit *gopurams* délimitant les deux espaces. Ses tours où se déploie une véritable végétation de pierre dominent majestueusement la ville et peuvent servir de repères parce qu'on peut les voir à des kilomètres à la ronde.

Traversant le pavillon de Nandi, où sont installés marchands de fleurs, mendiants et sadhous (dans le Sud, on n'en voit plus qu'à la porte des temples), nous sommes abordés par un tailleur qui parle français et nous indique un magasin où nous pouvons nour procurer des clochettes de chevilles de danseuses pour notre fille Geneviève.

Nous avons parcouru le temple pendant deux heures, dans le bruit, la cohue, les semonces des brahmanes et les explications des guides improvisés, sans oublier les commentaires des autres visiteurs. Ainsi, une femme hindoue s'approche de nous et nous explique avec beaucoup de pertinence le sens des représentations que nous avons devant nous. Ce n'est pas une théologienne, mais elle connaît par cœur (parce que cela fait partie de sa vie) tous les détails de cette «légende dorée» indienne que constituent les *Puranas* ou récits de la vie des dieux. C'est là tout un aspect de l'hindouisme qui échappe en général aux étrangers et sans lequel il est impossible de comprendre la vitalité de cette tradition dans toutes les couches de la population indienne.

Au temps des grands pèlerinages à Madurai, qui est un des plus importants sanctuaires de l'Inde du Sud, les fidèles sortent en procession dans les rues de la ville, précédés du taureau Nandi et de l'éléphant Ganesha, en une espèce de théâtre ambulant, retraçant justement les hauts faits de la légende de Shiva racontés dans les *Puranas*.

Cette visite m'a exténué et je suis à nouveau en proie à la fièvre. Notre autocar fend difficilement la foule de plus en plus dense, pour nous conduire au palais de Tirumalai où se déroule un spectacle son et lumière retraçant la glorieuse épopée du Tirumalai, de la dynastie des Nâyaka, qui fit construire (par un architecte italien, dit-on) en 1650 cet imposant palais indo-mauresque, avec demi-cercles de puissantes colonnes, qui n'est pas sans rappeler l'art romain. Le spectacle a lieu à ciel ouvert, dans la cour intéreure du palais. Il ne manque que les étoiles dans le ciel nuageux, car nous évitons l'averse de justesse.

C'est en visitant ce palais en 1958 que nous avions rencontré une Anglo-Indienne, Mme Lakshmikanthan qui nous avait invités chez elle. Nous y avions rencontré son frère et ses deux enfants. Elle nous avait servi un agréable repas dans une cour intérieure. Pendant que nous mangions, des vautours survolaient la cour, car, étant chrétienne, elle n'était pas soumise aux tabous alimentaires des hindous et nous avait servi des brochettes d'agneau.

Notre groupe est ramené tard à l'hôtel. Le *dobhi* qui nous apporte notre linge n'a pas de monnaie et le garçon qui nous sert la bière non plus... une façon tout indienne de se procurer un pourboire.

21 octobre
La Diwali à Madurai

Le soleil s'est levé sur Madurai dans un éclat de rose et de gris pourpré, salué par le fracas intermittent des pétards qui signalent la grande fête populaire de la Diwali.

Nous quittons l'hôtel à 6 h, vers le Cap Comorin. Petit déjeuner en route, à Telvelli. Nous roulons dans une plaine dont l'horizon n'est brisé que par la ligne des cocotiers et quelques collines rocailleuses.

Vers 11 h, nous faisons un crochet pour visiter le temple de Suchindram, à 18 kilomètres de Kanya Kumari, non indien du Cap Comorin. L'entrée du temple est surmontée d'un imposant *gopuram*. Le port du *dhoti* est obligatoire pour les hommes, mais on le fournit sur les lieux et nous devons pénétrer dans le temple le torse nu. M. Bombay et M. Calcutta (c'est maintenant ainsi qu'entre nous nous désignons nos compagnons) se sont abstenus: gêne ou coquetterie? Un guide rigolo nous prend en charge; il explique rapidement chaque représentation, puis lève le bras en disant *"come on"*, ce qui provoque le rire cristallin de nos jeunes compagnes. Le temple est splendide et ses longues galeries évoquent celles de Rameshwaram par la force de ses immenses sculptures le plus souvent taillées dans un seul bloc de pierre. Deux statues géantes de Parvati et d'Hanuman atteignent près de 10 mètres de hauteur.

Nous participons au darshan de la Trimurti (Brahma, Vishnou et Shiva) dans une ambiance théâtrale. Le tambour et le shenaï (hautbois) éveillent l'écho de la pierre et le son métallique d'une grosse cloche emplit l'enceinte centrale. Une petite foule est alignée de chaque côté du sanctuaire attendant que les battants de la porte s'ouvrent, tandis que deux acolytes secouent violemment des clochettes. Apparaît alors la sculpture d'or de la triple déité hindoue entre deux rangées de lampes à l'huile et de cierges. La même cérémonie se répète au second sanctuaire consacré à Ganesha, le dieu à tête d'éléphant.

Nos compagnons disposent de petites lampes à l'huile devant le sanctuaire pour célébrer la Diwali et M. Bombay achète des sucreries qu'il distribue à tout le groupe, créant un climat de fête.

Reprenant la route, nous arrivons à Kanya Kumari vers midi. Une grande surprise nous y attend. Non seulement l'hôtel gouvernemental où nous avions logé en 1958 et la piscine dans la mer où nous nous baignions ont été détruits par un raz-de-marée, mais la belle plage du bout du monde dont nous rêvions depuis est maintenant surplombée de plusieurs hôtels modernes, d'espaces clôturés et la plage elle-même, aux berges renforcées d'amoncellements de pierres, est occupée par des centaines d'autos et d'autocars. Voilà la distance qui nous sépare du romantisme de notre jeunesse. Nous avions vécu ici quelques jours idylliques, seuls occupants d'un hôtel où les serviteurs devaient nous porter dans notre chambre l'eau de notre bain quotidien.

Kanya Kumari et les dévots de Shiva

Nous nous rendons en traversier au monument dédié à Vivekananda sur un roc en pleine mer. Site splendide rafraîchi par une brise agréable. Un petit temple y expose une très vieille empreinte de pieds, qu'on dit être de Shiva; une grande statue d'un Vivekananda conquérant en occupe le hall principal. Nous rencontrons ici, pour la troisième fois, des hommes barbus portant *dhoti* et foulard noirs qui font la route de pèlerinage des grands sanctuaires du Sud. Une dame nous apprend qu'ils sont attachés au culte de Swami Ayappa (né de l'union de Shiva et de Vishnou, selon la légende, Vishnou ayant pris l'aspect d'une femme) et qu'ils se réunissent sur la colline de Sabarimalai, au Kerala, après s'être astreints à un jeûne de 41 jours. Le sanctuaire de Sabarimalai a cette particularité d'être ouvert aux fidèles de toute religion à l'exclusion des femmes (hors les toutes jeunes et les femmes âgées).

Du roc, on voit se découper à l'horizon les *ghats* de l'Ouest, cette chaîne de montagnes qui longe les côtes du Kerala.

Revenant sur la rive, nous visitons, à la pointe extrême de l'Inde que les Indiens appellent «les pieds de la Mère Inde», le mémorial où les cendres de Gandhi ont été conservées avant d'être jetées à la mer. Le mausolée porte les mots suivants de Gandhi: «J'écris ceci du Cap, ce lieu unique au monde où trois mers se rencontrent. Leurs rives ne sont pas un appel pour les bateaux et leurs eaux sont vierges comme la déesse (Kumari).»

En ce jour de la Diwali, toute une foule s'est assemblée pour assister au coucher du soleil, sur cette plage où se déposent les sables différents de la mer d'Oman, de l'océan Indien et du golfe de Bengale. Nous y étions presque seuls il y a 29 ans, observant quelques Indiens venus faire leurs ablutions dans la mer, le sari mouillé des femmes épousant la forme de leur corps.

L'hôtel Tamil Nadu où nous logeons est très bien tenu, mais la nourriture y est mauvaise. Notre balcon donne sur la mer. Quatre jeunes Indiens descendus de leur moto nous observent effrontément d'en bas; cela fait partie du côté enfantin qui nous surprend toujours chez ce peuple.

À 4 h du matin, seul le phare balaie encore la mer maintenant délaissée. Le vent s'élève et l'orage éclate.

22 octobre

Il pleut. Il n'y aura donc pas de lever de soleil. Nous quittons à 7 h. Il aurait fait bon de traîner un peu, mais le temps presse: nous avons près de 300 kilomètres à parcourir pour attraper le train pour Rameshwaram. Le moral du groupe commence à être miné par la fatigue du voyage.

Enlisement au milieu des cocotiers

Une route cahoteuse longe la côte. Seuls poussent les cocotiers dans cette région désertique qu'on dit être l'une des plus pauvres de l'Inde. La terre est rouge. Des villages très éloignés les uns des autres regroupent quelques maisons recouvertes de palmes et quelques huttes, sans électricité. Au centre de l'un de ses villages, une affiche surprenante: *Computer Center!* Puis c'est l'événement. Notre bus s'enlise dans le sable mou de l'accotement, pour avoir fait trop de place à un véhicule venant en sens inverse. Il s'en fallut de bien peu pour que nous basculions sur le côté. Toutes les tentatives et les longs palabres pour nous sortir de là ne mènent à rien. Autour de nous, que des cocotiers et un petit oratoire où les jeunes filles du groupe s'amusent à faire sonner une cloche fêlée et un gong crevé.

Finalement un autobus local venu à notre secours accepte de nous prendre à bord jusqu'à Tiruchendur où un hôtel nous accorde deux chambres, l'une pour les femmes, l'autre pour les hommes; mais nous ne savons toujours pas ce qu'il adviendra par la suite. Nous profitons de l'attente pour aller visiter un temple dédié à Muruga, fils de Shiva (alias Subrahmanya) et à ses deux épouses. Un groupe de jeune brahmanes se tiennent à l'entrée du temple occupé par toute une population qui y a élu domicile pour les six jours que dure le festival Shasti qui s'y déroule. Des hommes et des femmes sont étendus là, entre les pilliers sculptés, sur des nattes de paille, rendus à leur cinquième jour de jeûne, puisque la fête doit avoir lieu demain. Une foule de gens attendent également en file pour le darshan. Revoilà l'atmosphère du Moyen Âge, avec ses quêteux et ses hâbleurs.

À la sortie du temple, nous retrouvons avec plaisir notre autocar et pouvons poursuivre la route. Nous quittons peu à peu la zone désertique et voyons défiler de grands champs cultivés où des bœufs tracent des sillons en tirant des charrues de bois. Vastes étangs, rivières et canaux d'irrigation, rizières et marais salants: l'eau et la fertilité succèdent à la sécheresse.

Nous arrivons finalement à Mandapam, fatigués, mais juste à temps pour prendre le dernier train de la journée pour Rameswaram. Dès l'entrée du train en gare, c'est la furie. Le train est assailli des deux côtés à la fois. Tout le monde se précipite, se bouscule, s'entasse, passant des bagages par-dessus la tête des gens. Nous nous rappelons avoir traversé l'Inde dans ces trains de deuxième classe, mais nous n'oserions plus le refaire aujourd'hui, d'autant moins que la population a presque doublé depuis notre dernier voyage.

Nous parvenons tous à entrer dans un vieux compartiment qui ressemble à une cage à poules, les hommes formant un cercle rigide pour protéger les femmes. Une fois le train parti, nous sommes tout surpris de constater qu'il y a un peu d'espace autour de nous. Il y a du monde partout, empilé sur les bancs, assis par terre ou sur les porte-bagages. Plus de 20 personnes sont ainsi entassées dans ce compartiment qui en prévoit 8. Un enfant trouve place sur les genoux de Yolande et deux des filles de Bombay sont étendues sur un porte-bagages. Les gens retrouvent cependant leur bonne humeur et commencent à rigoler entre eux, imitant parfois les accents des membres de notre groupe qui parlent plusieurs dialectes. On est tout surpris de ce côté bon enfant, après la furie de tout à l'heure.

Le voyage ne dure qu'une heure et suit une jetée et un pont qui relient Rameshwaram au continent. À la gare, nous nous entassons de nouveau dans des *tongas,* espèces de barils sur roues tirés par de misérables petits chevaux, pour nous rendre à notre splendide hôtel au bord de la mer. L'épreuve est terminée pour aujourd'hui. M. Sri Lanka nous procure de la bière et des médicaments pour la grippe dont je ne viens toujours pas à bout de me débarrasser.

23 octobre

Merveilleuse matinée au bord de la mer, car ce matin, on nous accorde un peu de loisir. Après avoir flâné dans le jardin de l'hôtel, nous nous rendons à pied, en longeant la mer, au temple Râmânathaswamy. Un groupe de femmes attendent leur tour à la fontaine du village, portant de grandes jarres ou des pots de cuivre ou de fer blanc, qui sur la tête, qui sur la hanche.

Le temple s'ouvre au bout d'une rue bordée de boutiques. L'éléphant de service monte la garde dans le portique. Le front rayé de santal rouge et de cendres, nous allons ensuite recevoir la bénédiction du seigneur du lieu, Shiva sous la forme d'un lingam monumental, à la fois Phallus cosmique et signe universel, surmonté du serpent Naga à plusieurs têtes. Puis, nous défilons devant les oratoires de Parvati, la parèdre de Shiva et devant la trinité constituée de Shiva, Parvati et Subramania qui apparaissent ici sous forme de petites statues somptueusement vêtues.

L'éloquence de la pierre

Nous nous perdons par la suite dans le fantastique corridor du temple qui offre une perspective hallucinante de piliers semblant se prolonger à l'infini. Le corridor mesure 1 220 mètres et se répartit en plusieurs couloirs dont le plus long mesure 210 mètres. Les chapiteaux des énormes colonnes sculptées dans une seule pierre rythment un espace sacré unique au monde. Certaines des sculptures sont polychromes. Ainsi le gigantesque taureau Nandi qui occupe, comme d'habitude dans les temples shivaïtes, une niche près de l'entrée du temple.

Les hindous qui nous accompagnent sont plus sensibles à l'aspect religieux ou simplement spectaculaire du temple qu'à son art sublime. M. Calcutta répète comme en une litanie: «*So many gods!* Que de dieux!» Le polythéisme le gêne beaucoup. M. Bombay se contente de déclarer, philosophe: «Il y a ceux qui croient et ceux qui ne croient pas.» La dame de Sri Lanka est très dévote, comme la famille de l'Andhra Pradesh qui sont de parfaits dévots. Les deux jeunes hommes du groupe, de Calcutta et du Sri Lanka, affichent une certaine liberté d'esprit et critiquent l'aspect mercantile de la religion. Pour nous, c'est la puissance exaltante de cette architecture et de ces sculptures et le profond mystère qui se dégage de ce temple grotte qui nous frappent. Le poids du sacré est ici souligné tant par l'imposante présence des immenses dalles mouillées du sol que par ces véritables rochers sculptés qui se déploient dans l'espace en une fabuleuse chorégraphie.

Dans l'une des ailes du temple, un groupe de fidèles réunis autour d'un brahmane assistent à une *puja* célébrée particulièrement pour eux. Nous sortons au moment où l'éléphant du temple est allé faire son pipi éléphantesque dans la rue. Yolande en profite pour le photographier, ce qui lui avait été refusé à l'intérieur. Nous sommes aussitôt entourés de mendiants et d'enfants en guenilles.

Nous retournons vers la mer où un grand nombre de dévots procèdent à leurs ablutions rituelles en ce lieu particulièrement sacré pour les hindous.

Notre séjour à Rameswaram terminé, nous retournerons, en autocar cette fois, prendre le train où nous occupons un compartiment entier, ce qui évite le chahut d'hier soir.

Yolande fait la conquête d'une petite coquine de deux ans, mignonne comme tout, bracelets aux chevilles, boucles d'oreilles à pierre rouge, avec qui elle joue à échanger des cacahuètes et des pois chiches grillés. Moi, je profite du voyage pour discuter des conditions de vie en Inde avec M. Calcutta et M. Andhra Pradesh.

Une flottille de barques de pêcheurs sont couchées sur la plage de Mandapam; des poissons sèchent au soleil.

Notre souci de visiter Rameswaram, lors de notre premier voyage, nous avait attiré un grave contretemps. Profitant du long arrêt que le train faisait à cet endroit, nous étions descendus pour nous rendre au temple, ignorant que cette pause du train avait pour but de permettre la visite médicale avant la traversée à Ceylan. Privés du document médical, nous nous étions vu par la suite refuser l'accès au bateau et avions, de dépit, remonté péniblement les dunes de sable vers la gare de Danushkali, pour reprendre aussitôt un train de nuit de troisième classe bondé où nous avions dû coucher sur les porte-bagages.

Nous n'aurons pas cette fois-ci ce genre de mésaventure. À la sortie du train, nous retrouvons notre autocar pour aller prendre notre premier *fish curry* (curry de poissons) à Mandapam où la famille de Bombay doit nous quitter.

La route vers Tanjore nous offre un paysage d'eau (il pleut chaque jour depuis une semaine, alors qu'il y avait sécheresse depuis six ans dans cette région), de rizières et de cocotiers baignant dans un vert printanier qui ne se dément pas. Nous traversons une forêt d'eucalyptus, en retrouvant l'insistant parfum. Ici et là, sur la route ou dans les villages aux maisons recouvertes de tuiles ou de palmes, l'éclat des saris de couleur unie, bleu, vert, orange, jaune, rouge ou rose, qui sont la signature du Sud de l'Inde. Parfois, en ces jours de fête, apparaît dans le décor paysan un somptueux sari d'apparat aux lisières brodées d'or.

Court arrêt pour le lunch à ce qu'on dit être un restaurant réputé pour ses *dosas*. De splendides crêpes, en effet, tournées en longs cornets dorés!

À Tirumayan, à une centaine de kilomètres de Tanjore, se dessine une étrange forteresse construite à même le roc, œuvre cyclopéenne érigée par le prince Tandaiman.

Après cinq heures de route, nous entrons à Tanjore à la tombée de la nuit. Notre hôtel ressemble à une splendide résidence seigneuriale, avec jardin intérieur.

24 octobre
Tanjore: un chef-d'œuvre de l'an mil

Nous visitons ce matin le temple de Tanjore, le Brihadishwara, un pur chef-d'œuvre d'audace, d'équilibre et de finesse. C'est l'un des plus beaux temples de l'Inde et l'un des plus classiques. Il a été construit en l'an mil, sous la dynastie des Chola alors à l'apogée de leur gloire. Son vimana, tour pyramidale de 60 mètres qui surmonte le sanctuaire, domine majestueusement la campagne environnante. Il est ceint à son sommet d'une énorme pierre de 80 tonnes, juchée là, raconte-t-on, grâce à un plan incliné de 6,5 kilomètres. C'est l'*âmalaka,* qui représente l'état le plus élevé de la conscience humaine, car le temple hindou est la représentation idéale de l'être humain.

Sa structure, reproduction du mont Meru, centre du monde, se dresse autour d'un pilier invisible dont certains temples fournissent l'évocation sous la forme d'une colonne de bronze au centre du sanctuaire, mais dont l'extrémité apparaît inévitablement au sommet de la tour centrale, perçant symboliquement l'*âmalaka*. C'est le *stûpika,* ou fleuron, qui représente le passage au-delà de l'état humain, la «délivrance», c'est-à-dire le point ultime de l'ascension de l'être. Ainsi, le temple est-il, dans sa plénitude, la figure parfaite de l'Homme universel.

Le sanctuaire lui-même s'appelle *garbhagriha,* c'est-à-dire «les entrailles», lieu de renaissance spirituelle.

On pénètre dans le temple de Tanjore par deux *gopurams* qui sont déjà des merveilles de sculpture, leurs figures de danseurs y étant comme projetées hors de leur base par la force de leur propre rythme. La tour elle-même est ciselée de magnifiques sculptures de danseurs.

Le temple, avec ses multiples édifices, est comme une forteresse entourée d'une muraille coiffée d'une frise d'éléphants et bornée par une large tranchée.

Nous pouvons, cette fois-ci, visiter le sanctuaire central demeuré ouvert au culte et où se déroulent des danses sacrées en certaines occasions. Un *lingam* noir imposant en occupe le cœur. Les sculptures du porche ont conservé un peu de leurs couleurs et ses deux galeries contiennent des fresques du XVIIe siècle très bien conservées. Le plafond est décoré d'une série de médaillons peints dans le style des miniatures.

La cour intérieure du temple est entourée d'un promenoir aux murs également décorés de fresques.

Nous nous rendons ensuite au musée de la ville, situé dans un édifice vétuste, mais abritant de très belles sculptures Chola, contemporaines du temple, et une riche galerie de bronzes, particulièrement remarquables par la sobriété de leurs lignes et l'élégance de leur attitude. Un Nataraja (Shiva dansant) est d'une beauté qui en fait le rival de celui du musée de Madras. Yolande honore quelques sculptures de petites fleurs blanches à pétales orange qu'elle a rapportées du temple.

Après l'émerveillement de Tanjore, nous reprenons la route de Madras. La récolte bat son plein et sur quelques kilomètres, la moitié de la route est encombrée de récoltes que les paysans battent et font sécher pour en recueillir les petits grains dont ils tireront une huile. Apparaissent parfois dans les champs des ensembles de sculptures géantes de chevaux, d'éléphants et de personnages tirés de légendes populaires.

Nous apprenons en route qu'il y a grève générale au Tamil Nadu pour manifester contre l'intervention d'une force de paix indienne au Sri Lanka. Pas de train depuis deux jours; pas d'avion demain. Nous craignons, avec quelques membres du groupe, d'être paralysés à Madras.

Le voyage tirant à sa fin, nous nous entendons pour offrir un cadeau collectif au chauffeur et à Subramaniya. Nous sommes devenus une grande famille et la séparation est très chaleureuse. Nous nous sentons un peu tristes de quitter ces compagnons et compagnes d'une semaine. On nous dépose au Central Station d'où nous gagnons à pied l'hôtel Picnic. Accueil amusé du personnel. Notre nouvelle chambre est plus propre et plus confortable et comporte une petite terrasse sur le toit. Petite bière, petites courses (toujours la provision d'eau), petite douche. Reposés, nous retournons dîner au restaurant Mysore. Savoureux *kebab* d'agneau *tandoor,* pommes de terre en sauce aux épinards, *raïta, nan,* glace à la mangue. Ça nous remet d'une semaine d'une cuisine parfois trop monotone.

À la sortie, le même scooter qui exigeait 25 roupies la semaine dernière, ne nous demande que 10 roupies. Il est devenu amical, nous quête un stylo pour son fils et nous offre de changer de l'argent. Il faut tenir tête aux Indiens; c'est le meilleur moyen de gagner leur estime.

Souvenir d'une rencontre

Nous devons quitter Madras dès demain: mais il faut ici ouvrir une parenthèse, car Madras avait été en 1958, le centre de notre voyage du Sud de l'Inde.

De passage à l'ashram de Maharshi, à Tiruvanamalai, où nous avions rencontré les Osborne, biographes de Marharshi, et le philosophe Lavastine en compagnie de deux Françaises un peu pédantes, nous avions participé au banquet pour l'anniversaire de Maharshi décédé quelques années plus tôt et visité le temple d'Arunachala où il a atteint l'illumination. Puis, nous avions été abordés par Ganesh, fils d'un riche propriétaire d'une compagnie de transport, qui se rendait à Madras dans une petite Fiat et qui nous invita à nous joindre à lui. Il voyageait avec Lucie, une infirmière française qui venait s'établir à Madras et son gourou, Swami Sahajanada.

C'était inespéré. Nous partons de nuit et nous nous arrêtons à Kuladeepalagalam, petit village où nous couchons chez des parents de Ganesh.

Le lendemain, à 5 h du matin, nous nous joignons aux habitants du village pour un *bhajan* matinal (procession où l'on psalmodie des invocations), la cérémonie de *puja* au temple et le bain rituel dans la rivière. Cela faisait partie d'un mouvement de renouveau de l'hindouisme qui avait beaucoup d'influence à l'époque. Cette piété candide de tout un village avait quelque chose d'émouvant.

Après avoir quitté le village, darshan d'un célèbre sage qu'on disait âgé de 140 ans, Swami Jnanayanda, puis visite, à Vadalure, d'un temple construit par un poète disparu 86 ans plus tôt, Ramalinga Swami.

En roulant vers Pondichery, entraînés par Ganesh, nous chantions l'invocation à Rama *"Om shri Ram, jai, jai Ram!"* quand survint un incident qui aurait pu avoir des conséquences graves. La porte mal fermée de l'auto s'ouvrit brusquement et je voulus la retenir, mais Ganesh me cria de la laisser aller. Elle se rabattit violemment sur l'auto et Ganesh se félicita que je n'y aie pas perdu le bras.

Le groupe nous laissa à Pondichéry pour quelques jours, mais nous étions déjà devenus des amis et devions nous retrouver quelques jours plus tard.

À Pondichéry, où nous entendions pour la première fois en Inde le pittoresque «pousse, Madame?» à l'accent français, nous visitâmes l'ashram d'Aurobindo qui nous sembla d'une froideur et d'une propreté presque médicale, puis nous nous rendîmes à l'Institut français dans le but d'y rencontrer Alain Daniélou. Il est là, assis au premier bureau auquel nous nous adressons. Nous parlons longuement avec lui et il nous invite chez lui pour le lendemain. Nous y rencontrerons le jeune docteur Idelman et son épouse et Daniélou parlera longuement et passionnément de l'Inde, de ses rencontres, de ses découvertes. À propos de l'hindouisme, il nous déclara ce qui suit: «Il y a plus à apprendre dans les temples que dans les ashrams.» C'est un peu cette leçon que nous mettons en pratique au cours du présent voyage.

Le lendemain, nous visitâmes le magnifique temple du XIe siècle de Gangakondacholapuram («la ville du roi Chola victorieux sur le Gange»). De cette ville, il ne reste que le temple abandonné en pleine campagne et que Daniélou nous avait fortement recommandé. Il a été construit par le fils du constructeur du temple de Tanjore. On y retrouve l'ampleur et l'harmonie cosmique des grottes d'Ellora. Deux de ses niches extérieures contiennent de très belles sculptures de Ganesh et de Shiva. Ce fut notre dernière visite en cette année 1958 et nous entrâmes dans un vieux taxi, à la tombée de la nuit, pour célébrer le Nouvel An dans notre petite chambre de Pondichéry... sans champagne!

Dernière visite à Daniélou et aux Idelman qui nous invitent à dîner, avant de retrouver Ganesh à Madras. Il ne nous quittera plus. Nous resterons une dizaine de jours à Madras et chaque jour il viendra nous chercher à notre hôtel ou nous enverra son chauffeur. Nous visiterons ainsi les magnifiques temples Pallava du VIIIe siècle de Mahâbalipuram, comme échoués sur la plage, leurs pierres depuis des siècles rongées par la brise marine. D'abord les cinq *rathas,* monolithes sculptés en forme de chars, puis le temple du rivage érigé sur une plate-forme rocheuse, surmonté de deux tours pyramidales inégales et précédé d'un lingam de pierre polie faisant face au soleil levant. Enfin, le rocher sculpté dit de «la pénitence d'Arjuna», d'une force évocatrice inoubliable qui constitue le plus grand bas-relief au monde.

Ganesh nous conduira à la colline aux Aigles sacrés où nous rencontrerons un *sadhou* qui y vivait dans une grotte depuis huit ans. Il nous présentera ses amis musiciens et nous accompagnera à un immense *bhajan* public, célébration religieuse réunissant près d'un millier de fidèles à un temple vishnouïte-shivaïte. Nous serons également invités à manger chez lui, servis par les femmes de la maison pendant que nous mangeons seuls avec Ganesh.

Au moment de notre départ, il nous accompagna à la gare et m'embrassa en pleurant, m'appelant son frère.

Nous prîmes alors le Janata Express pour Bubaneshwar et Konarak aux merveilleux temples datant du VIIe au XIe siècles; puis ce fut Puri, un château fort de l'hindouisme, et finalement Calcutta d'où nous prîmes l'avion pour la Birmanie, la Thaïlande et Hong-kong, rejoignant de là le Japon par bateau. Mais il est temps de reprendre le cours de notre journal de 1987 et de retourner à notre chambre de l'hôtel Picnic à Madras.

IX

Éléphants en liberté et forêts d'eucalyptus

25 octobre

Nous n'avons pas revu notre garçon chrétien et celui qui vient nous porter le petit déjeuner traîne indéfiniment dans la chambre, regarde partout et, finalement, me demande si je n'aurais pas un stylo. Toujours cette obsession du stylo que nous ne sommes pas parvenus à éclaircir, parce qu'on trouve partout en Inde des stylos *"made in India"* à très bas prix.

Nous décidons de prendre dès aujourd'hui le train pour Coimbatore, de l'autre côté de l'Inde, non loin du Kerala. À cause de la grève d'hier, les trains sont surchargés; nous réussissons à obtenir des places, grâce à notre Indrail Pass, mais il nous faudra attendre quatre heures avant le départ du West Coast Express. Vie de gare: salle d'attente, salle de bains, salle à manger et comptoirs de fruits, de biscuits, de thé et de gâteaux. Dans la salle d'attente, toutes les places sont occupées et des gens sont confortablement installés par terre, se faisant servir un repas en bonne et due forme ou regardant une télévision en circuit fermé: vidéos de musique américaine, anglaise ou indienne et pub, bien sûr. La sophistication relative de ces clips contraste étrangement avec la simplicité bigarrée et dénuée de la salle d'attente. Un garçon a lié ensemble à l'aide d'une chaîne une dizaine de valises dont il a la surveillance. Nous flânons dans la gare et nous nous réfugions finalement dans la salle à manger presque vide à cette heure.

Treize heures trente, quai n° 2, nous prenons enfin le train. Vieux wagon, première classe, non climatisé, mais assez confortable quand même et il n'y a pas trop de monde, car ce train a été ajouté à l'horaire à la dernière minute.

Nous engageons bientôt la conversation avec un soldat du Kerala en permission qui retourne chez lui, en compagnie de sa femme et de leurs deux charmants enfants. Dix heures de train. Nous traversons d'abord de grandes plaines monotones, avant de nous engager dans une région montagneuse hérissée de boulders dominant des étendues désertiques qui font penser au *Far West* des films américains. Les *West Ghats* découpent l'horizon.

En fin d'après-midi, nous côtoyons d'immenses jardins plantureux et le soleil se couche majestueusement au-dessus des montagnes.

Nous n'arriverons à Coimbatore qu'à 23 h 30, avec une heure de retard. Nous y trouvons fort heureusement un *retiring room* aussi propre que spacieux. C'est le luxe pour la nuit. Mais notre chambre donne sur la gare et l'on a l'impression surréaliste que les trains la traversent. Notre sommeil sera ainsi bercé par les sifflets d'arrivée et de départ des trains.

26 octobre
Ooty, la reine des Nilgiris

Vaine attente d'une heure à la gare pour l'ouverture du bureau de tourisme, pendant que défilent des passagers matinaux dont la mise soignée reflète la prospérité de cette région industrielle. Nous décidons finalement de nous rendre à la station d'autobus et de partir aussitôt pour le centre de villégiature d'Ooty. Nous constatons une fois de plus que, comparativement au voyage par train, le voyage en autobus, en Inde, c'est la simplicité même. Il y a toujours un départ pour la destination que vous avez choisie. Un peu tassés sur un triple siège, cette fois-ci, mais ça va. Le voyage durera trois heures. Nous abordons aussitôt la montagne. Plantations très denses de cocotiers et de bananiers coupées d'une forêt de conifères géants et d'eucalyptus. Puis grimpant toujours en corniche, avec virages en épingles, nous dominons des vallées aux pentes couvertes de plantations de thé (le fameux thé des Nilgiris). Le paysage est d'une grande beauté où nous retrouvons les fleurs splendides de Kodaikanal. Nous traversons quelques petits villages prospères et atteignons Coonor, ville coquette à flanc de montagne où une église côtoie une mosquée. Poursuivant notre montée dans un brouillard de plus en plus dense, nous atteignons, à 2 800 mètres d'altitude, Ooty, «la reine de Nilgiris», étalée sur les flancs de la montagne. Nous y trouvons une chambre, presque une suite, à l'hôtel hindou Dasaprakash qu'on disait interdit aux non-Hindous. Nous y prenons un succulent et abondant repas *(thali)*, assis en rangées, comme au collège. Les garçons circulent devant les tables, distribuant à satiété les *chapatis* chauds et *pappadams*, le *rasam*, le *sambar*, le *poril*, la *raita*, les chutneys, les pickles et le yogourt.

Nous allons ensuite visiter le Jardin botanique qui est un splendide parc contenant, en plus des nombreuses fleurs aborigènes, une grande variété d'arbres rares provenant, entre autres pays, de Chine, du Bouthan, d'Australie, des îles Canaries et même de Californie. Certains sont d'une beauté surprenante. Au retour, nous nous arrêtons dans une boutique pour acheter du thé des Nilgiris et entrons prendre une bière à notre chambre. Il n'y a rien d'autre à faire pour aujourd'hui. Les murs verts et les tapis rouges de notre chambre dépriment Yolande, d'autant plus que le temps s'est mis à l'orage, qu'il y a panne d'électricité et que l'humidité nous oblige à sortir nos sous-vêtements chauds et nos sacs de couchage. Quand l'électricité revient, le restaurant est déjà fermé et nous devons nous passer de dîner.

Ooty est un endroit de villégiature réputé pour les Indiens, après l'avoir été pour les Anglais. Nous n'avions pas prévu nous y rendre; c'est notre projet de visiter la réserve de Mudumalai qui nous a fait faire ce détour.

27 octobre

Nous reprenons ce matin la route vers Mudumalai, dans un petit autobus local à stores pliés, après avoir engouffré un verre de thé et un gâteau à un comptoir de la gare.

Nous roulons à travers une forêt dense à laquelle le brouillard du matin donne un aspect spectral, sur une route dangereusement cahoteuse, puis à travers de magnifiques plantations accrochées à la montagne. Finalement, nous entrons dans la réserve de vie sauvage de Mudumalai. C'est la jungle tout autour. Nous voyons des oiseaux colorés, des paons et, soudainement, une famille d'éléphants sauvages toute proche de nous; ils sont sept ou huit, adultes et éléphanteaux, à regarder passer l'autobus. On voit également un troupeau de daims *(spotted dears)* filant dans les herbes.

Promenade à dos d'éléphants

L'autobus nous laisse au poste de réception de Mudumalai. Nous l'imaginions plus important. Il ne comporte qu'une grande salle de réception et, à côté, une maison divisée en quelques chambres. Nous y apprenons, coup sur coup, qu'il est peu probable que nous puissions faire le tour de jungle à dos d'éléphants et qu'il n'est pas sûr que l'autocar pour Mysore s'arrête à Mudumalai. Nous voilà perdus dans cette réserve pour au moins une trentaine d'heures, sans la possibilité de réaliser nos projets.

Nous écrivons quelques cartes postales et nous nous promenons autour, pas très loin, car il est interdit d'entrer dans la forêt. Nous découvrons un Youth Hostel où nous allons manger. Puis nous rencontrons deux Goanais qui viennent de l'autre partie du parc (Bandipur, au Karnataka) avec lesquels nous nous entretenons pendant qu'un groupe de singes s'approchent de nous. Ils sont gris, à visage noir, avec une houppe faisant l'effet d'une casquette. Quelqu'un nous signale la présence de sangliers en bordure de la route et nous voyons passer quelques éléphants avec leur cornac.

De retour à la réception, tout paraît s'arranger. La jeune préposée qui semblait nous ignorer s'est occupée discrètement de nous, nous a organisé une promenade à dos d'éléphant pour 16 h et nous a trouvé un petit dortoir privé pour la nuit. Les Indiens sont ainsi. Ils commencent par dire que ce n'est pas possible, pour ne pas risquer de nous décevoir, puis ils essaient d'arranger les choses pour le mieux.

Yolande est heureuse comme une enfant de pouvoir monter sur le pachyderme pour cette promenade d'une heure dans une jungle qui n'est pas aussi dense qu'elle le paraissait. Le palanquin là-haut est assez confortable et l'éléphant est doué d'une merveilleuse suspension liée à la lenteur de ses mouvements. De cette hauteur, nous avons une vue panoramique de la jungle où ne gambadent pour l'instant que quelques singes et un troupeau de daims qui demeurent près de nous un bon moment.

Après cette joyeuse balade, nous allons assister au bain des éléphants dans la rivière, à proximité d'un camp de dressage et d'élevage d'éléphants. Ils se laissent brosser docilement et l'un d'eux s'amuse même dans l'eau en se retournant dans tous les sens. Les cornacs les ramènent ensuite à leur camp et nous les suivons. Le groupe comprend trois éléphanteaux, dont un tout petit de deux mois encore attaché à sa mère. Des jeunes gens nous entraînent à un petit temple de Ganesh, le dieu-éléphant, où les éléphanteaux célèbrent régulièrement leur propre *puja*. On leur trace trois traits de cendre et le point rouge sur le front et ils tournent autour du temple en agitant une clochette fixée à leur trompe. Ils se prosternent ensuite et font les signes des dévots de Ganesh: se prenant une oreille avec leur trompe, ils lèvent les pattes avant en signe de dévotion et s'inclinent jusqu'à terre.

Ils sont entraînés par deux jeunes garçons qui leur resteront attachés toute leur vie. Il se développe entre l'éléphant et son cornac une sorte d'intimité: le cornac n'a qu'à dicter à l'oreille de l'éléphant ce qu'il veut pour être obéi.

Nous assistons ensuite au repas des éléphants, de la nourriture servie sous forme de briquettes et de grosses boulettes. Un spectacle très impressionnant; mais il commence à faire nuit et nous retournons attendre notre éventuel autobus. Il y a panne d'électricité au centre d'accueil. Nous prenons du thé et quelques biscuits et nous nous postons sur le bord de la route. À peine y étions-nous depuis cinq minutes qu'un autobus s'arrête. On nous indique qu'il se rend à Mysore et on nous invite joyeusement à y monter, comme s'il n'était venu que pour nous. Il restait justement deux places. Nous n'en revenons pas et notre joie est complète.

En cours de route, nous conversons avec des étudiants du Bihar en tournée de vacances à travers l'Inde et surtout avec le professeur de philosophie. Il nous dit que nous sommes les invités de l'Inde et qu'à ce titre le conducteur de l'autobus se devait de nous prendre.

Des arbres immenses à troncs multiples, partiellement amputés pour libérer le passage, jalonnent la route, comme des géants écartelés.

Mysore la nuit

Nous atteignons finalement Mysore, illuminée par les installations du parc de l'exposition qui se tient chaque année à l'occasion de la grande fête de la Dussera. Nous sommes surpris par l'animation de la ville à cette heure où généralement les villes indiennes sont endormies. Nous allons au Ritz Hotel, tout près de l'arrêt du bus, mais il n'y a pas de place. On nous dirige vers le Siddharta, pas de place non plus. Finalement, nous allons en autorickshaw au Gokul, au centre de la ville, où un commis du Siddharta nous avait annoncés comme *foreigners* après nous avoir fait épeler notre nom qu'il avait du mal à prononcer. L'hôtel est impeccable et pas cher et le personnel est particulièrement affable.

On nous indique un restaurant situé au sous-sol de l'hôtel et justement nommé le Submarine. Accueil courtois et service empressé. Décidément cette ville est différente des autres! Le garçon va nous chercher de la bière à l'extérieur et on nous sert du poulet frit délicieux, du riz et une sauce masala. Repus et contents, il ne nous reste plus qu'à dormir. Il est 23 h 30, une heure exceptionnellement tardive pour nous, en Inde.

28 octobre

Après une bonne nuit de repos, malgré les klaxons des camions et l'aboiement des chiens près d'une station-service, nous nous réveillons heureux d'être dans une chambre aussi bien éclairée. Le journal est là, sous la porte; le café suivra. Nous prenons le temps de souffler un peu pour préparer notre programme et observons, de notre fenêtre, les mouvements de la rue où un petit temple, dans l'angle d'écartement de deux rues, est fréquenté par des fidèles qui viennent y faire leur *puja* matinale. Après le rituel du feu, le dévot fait le tour du sanctuaire, puis d'un arbre sacré situé devant le temple. Après ses dévotions aux idoles, il rend visite à deux singes attachés dans une niche près du temple et leur offre de la nourriture. Un peu plus tard, trois autres petits temples ouvrent également leurs portes, au même carrefour, tandis qu'une femme balaie consciencieusement le sol.

Nous décidons de commencer la journée par la visite de Somnathpur, à 42 kilomètres de Mysore. À l'hôtel, on nous propose un taxi, prétendant qu'il n'y a pas d'autobus pour cet endroit. Nous n'en sommes pas sûrs, mais nous décidons de nous payer une journée de vrais touristes et de faire le trajet en taxi, une Ambassador 1971, pour 275 roupies. Voyage agréable à travers une campagne riante. Des bœufs labourent les champs et des équipes s'affairent à bêcher ou à sarcler. C'est la campagne, la vraie: aviculture, horticulture, rizière et culture maraîchère. Dans cette région, on fait trois récoltes par année, de sorte que le paysan travaille tout le temps. Son indolence n'est qu'apparente, car c'est le travail qui rythme sa vie. Les petits villages que nous traversons sont coquets et propres. Nous nous arrêtons en route pour nous rafraîchir d'un jus de noix de coco fraîche à même le fruit entaillé.

Les dentelles de pierre de Somnathpur

Le temple de Somnathpur est isolé, mais non éloigné de la route. Du portail, il apparaît dans toute sa splendeur. Du même style et de la même époque que les temples de Belur et Halebid que nous avions visités lors de notre premier voyage. Édifié comme les deux autres par les Hoysala, au XIIIe siècle, il a cette particularité d'avoir conservé son toit de pierre intact. Ses tours sont recouvertes d'une véritable dentelle de sculptures bordées de frises représentant des batailles ou des scènes de la vie quotidienne, processions d'éléphants ou de chevaux... Les statues de Vishnu, à qui le temple est dédié, le montrent sous la forme de ses 10 incarnations. D'autres sculptures représentent des musiciens et des danseuses.

La stéatite, pierre noire utilisée par les sculpteurs de cette région et qui a la propriété d'être tendre lors de son extraction, a permis d'atteindre cette finesse dans les détails qui caractérise les trois temples des Hoysala et leur confère une espèce de musicalité flamboyante.

À l'intérieur, les plafonds, éclairés par un guide qui en explique clairement tous les détails, sont formés d'un jeu de plans superposés où se répètent les thèmes du bananier (fleur et fruit) et du lotus. L'une des rosaces est occupée par deux magnifiques sculptures de Krishna et de la déesse Lakshmi.

De retour de cette excursion de trois heures, nous allons à la banque où l'attente est interminable. J'engage la conversation avec un fonctionnaire civil qui a pris connaissance dans un journal de Madras des problèmes politiques du Québec. Une rencontre qui nous rappelle celle d'Amar Das, en 1958, qui nous avait accompagnés à la colline Chamundi dont nous avions escaladé les 1 000 marches, par une chaleur torride, nous arrêtant à mi-chemin à la statue polychrome du géant Nandi, haute de 5 mètres. Il m'avait également accompagné à bicyclette à l'île fortifiée de Srirangapatna comprenant un temple vishnouïte fondé en 894, et au palais d'été du Tippu Sultan situé à l'extérieur de la forteresse.

Enfin sortis de la banque, nous longeons une rue bordée de boutiques consacrées exclusivement à l'écriture: livres, cartes, stylos, papiers — où officient sur de vieilles machines à écrire des écrivains publics équipés de Xérox.

Après avoir pris un *thali* au restaurant de l'hôtel, nous nous promenons dans la ville, traversant un immense marché de fruits et de légumes qui occupe deux rues et un carrefour, et nous débouchons, sans l'avoir cherchée, sur l'entrée du palais du maharaja. Nous suivons donc la foule dans ce palais bâtard, construit au début du siècle, qui allie le faste asiatique au mauvais goût anglais. Grotesque est le mot juste. Pourtant, vu de l'extérieur, au milieu de ses magnifiques jardins, ce palais confère à la ville son charme particulier et crée ces grands espaces qui en font une ville unique en Inde, avec ce charme des vieilles capitales provinciales.

Nous allons ensuite visiter la galerie d'art du Jagan Mohan Palace, perdu dans un réseau de petites rues du vieux quartier. Des groupes d'enfants tapageurs encombrent les escaliers vétustes du palais. Collections de peu d'intérêt à l'exception de la salle des fresques et des jeux et de quelques miniatures près de la sortie. La finesse du goût ne caractérisait sûrement pas ces maharajas. Les quelques peintures modernes exposées imitent maladroitement des modèles européens.

Nous visitons des boutiques d'artisanat et achetons quelques souvenirs, un éléphant en bois de santal et un ensemble en soie, avant de revenir à notre hôtel déguster une bière froide bien méritée. Les petits temples de l'autre côté de la rue ont ouvert à nouveau leurs portes et allumé les lampes rituelles: ce sera le darshan du soir.

Après le coucher du soleil, nous nous rendons à l'exposition, contournant une fois de plus le palais auquel un éclairage savant donne des allures des *Mille et une nuits*. Plutôt qu'exposition, c'est foire qu'il faudrait dire, réunissant tous les aspects de la vie du Karnataka, tant culturels qu'industriels, sans oublier les manèges, les marchands de pacotilles, de gadgets culinaires et de coton-candy. La foule n'est pas trop dense et l'atmosphère est à la fête. Nous visitons en particulier les pavillons du ver à soie et des différents modes de culture.

Retour dans la fraîcheur du soir, par des rues bien éclairées où des gens nous abordent gentiment. Mysore est une ville très agréable où il fait bon marcher. Les maisons sont coquettes et les rues sont fleuries comme nulle part ailleurs en Inde.

Souper léger d'une *masala dosa* (crêpe farcie) et d'une sucrerie qui ne nous coûte que 5 roupies, alors que les 6 oranges que nous achetons à la sortie du restaurant coûtent 10 roupies.

Cette nuit, le brahmane est seul dans son petit temple.

Depuis notre arrivée en Inde, nous suivons dans les journaux l'avance des forces indiennes de pacification au Sri Lanka. Nous avons appris aujourd'hui que la ville forte des «Tigres», Jaffna, est complètement occupée par l'armée indienne. Du côté du Punjab, cinq terroristes Sikhs ont été tués. Chaque jour, les journaux rapportent ainsi quelques morts dans un camp ou dans l'autre; mais vu de l'intérieur le conflit ne semble pas avoir l'importance qu'on lui accorde à l'extérieur. D'une part, les terroristes paraissent de plus en plus isolés, même dans leur communauté, et d'autre part la place importante qu'occupent les Sikhs dans la vie indienne partout au pays rend difficile de les concevoir comme constituant un corps extérieur à l'Inde.

29 octobre

Petit déjeuner, préparatifs et départ pour Mangalore en autocar super de luxe (pour vrai, cette fois-ci). Il y a peu de passagers. Le paysage que nous traversons d'abord nous rappelle étrangement le Texas; d'énormes agaves bordent la route, élevant leurs tiges fleuries au-dessus des champs.

La forêt au pays des Coorgs

Nous nous engageons par la suite dans les montagnes, les *Ghats* de l'Ouest, traversant de vastes plantations de café et de cacao, les plants de cacao plus élevés semblant abriter les petits plants de café. Les cultures s'étendent à perte de vue. Nous traversons également des forêts d'eucalyptus, de santals et d'arbres à caoutchouc entaillés, puis nous entrons dans une vaste forêt qui recouvre les deux versants de la montagne, une profusion d'arbres géants et d'arbustes y formant un treillis inextricable. Parfois, à l'avant-plan, semblant s'échapper de la forêt, des palmeraies où se nichent des villages de belles huttes recouvertes de paille. Un spectacle grandiose. C'est le pays des Coorgs, tribu primitive du Karnataka.

En fin de journée, nous descendons vers le paysage plus doux des rizières en bordure de la mer et atteignons Mangalore qui nous paraît être une grande ville agrémentée de beaucoup de verdure. Rien ne nous y rappelle notre premier voyage où nous avions couché près de la gare, dans un hôtel minable qui ressemblait à un poulailler. Mais nous n'y étions que de passage, en route vers Kahangad pour rejoindre l'ashram de Ramdas où nous devions vivre pendant 17 jours. Ramdas, qui avait envoyé un taxi nous chercher à la gare, nous accueillit en riant aux éclats sous une pluie battante. Ce fut l'un des grands moments de notre premier voyage en Inde. Nous avions connu là une période heureuse, entourés de quelques amis indiens, sous la tutelle bienveillante de Mâ Krishnabaï, dans une atmosphère de joie que reflétait le sourire inaltérable de Ramdas. Il y eut des fêtes, un récital de musique traditionnelle, la visite d'un éléphant et des promenades en compagnie de Ramdas qui nous parlait avec simplicité de son état comme enfant et compagnon de Rama, de son voyage en Europe avec Krishanabaï (qui s'émerveillait devant les vaches qu'elle y voyait) et des lettres qu'il recevait de jeunes chrétiens lui demandant conseil (très souvent sur des questions sexuelles).

Ce soir non plus, nous n'avons pas le temps de nous attarder dans la ville et nous filons aussitôt au terminus pour y réserver nos billets pour Goa, demain. Nous trouvons ensuite un petit hôtel tout proche, l'hôtel Seeco. Il y a panne d'eau et l'éclairage fait défaut dans notre chambre. Nous changeons de chambre, nous nous débrouillons pour le bain avec un seau d'eau chaude et obtenons une bière après une heure d'attente. Poissons grillés au souper au cours duquel nous rencontrons un homme de Bangalore dont la sœur travaille à Montréal, mais il ne sait trop où. Il veut lui-même aller étudier à Halifax. Il ne parle que de l'argent qui, selon lui, ne vaut rien en Inde, contrairement aux États-Unis dont un ami qui y travaille lui a fait l'éloge.

30 octobre

Route spectaculaire de Mangalore à Goa. Nous passons d'abord devant le port, puis nous nous engageons dans un paysage d'eau: étangs, rivières, canaux et rizières bordées de palmeraies. Puis nous longeons la mer au sable blond; nous nous en éloignons par les collines pour y revenir aussitôt. Au large, des îles et un chapelet de petits bâteaux annonçant un important port de pêche. Sur la grève, des canots découpés dans un tronc et quelques frêles catamarans. Puis une forêt de pins fragiles dresse son rideau devant la mer et nous nous engageons de nouveau dans les collines, avec de brèves percées sur une mer laquée de soleil.

Arrêt pour le déjeuner et autres petits besoins. Nous discutons de la géographie surprenante de ce pays, peu connue à l'étranger. Ce qui m'inspire le titre de mon reportage *L'Inde vivante,* recouvrant la réalité multiple de ce pays.

Vers 17 h, nous entrons dans Goa par une route étroite serpentant à travers une jungle épaisse où apparaissent ici et là des huttes couvertes de chaume et des maisons à toit de briques rouges rallongées d'une véranda. Nous sommes toujours sur les hauteurs des *Ghats* de l'Ouest, entourés d'une végétation sauvage et luxuriante.

Nous redescendrons finalement vers la mer dans la splendeur d'un coucher de soleil tropical qui traîne de longs nuages roses derrière les têtes folles des grands cocotiers. C'est malheureusement à la noirceur que nous traversons Goa dont la géographie rude et accidentée nous surprend. La ville de Margao est pleine d'animation; de pittoresques lanternes et des guirlandes lumineuses décorent les maisons. D'autres villages, d'autres lanternes, puis c'est le Vieux Goa dont nous n'entrevoyons qu'un édifice colonial et l'imposante église Saint-François que nous côtoyons.

X

Goa ou la douceur de vivre

L'arrivée à Panaji est plutôt décevante; le conducteur du scooter que nous prenons doit s'adresser à six hôtels avant de nous trouver une place, à bon prix. De plus, nous sommes éreintés par le trajet de neuf heures en autobus. Il est 21 h 45 et nous n'avons pas encore soupé. Nous trouvons un petit restaurant sikh très animé, mais tellement sale que nous quittons la table encombrée qu'on nous avait indiquée. Nous allons dans un restaurant d'hôtel avec l'impression désagréable d'être tombés dans un piège à touristes (indiens). Tout cela semble augurer mal de notre séjour à Goa.

31 octobre

Reconstitués par une nuit de repos, nous nous promenons dans la ville à la recherche du Tourist Office. Les rues nous semblent plus accueillantes ce matin et la vue du quai du traversier est splendide. Suivant les renseignements d'un homme croisé au Tourist Office, nous prenons l'autobus local pour le Vieux Goa *(Velha Goa)* situé à 10 kilomètres seulement. Il ne reste de l'ancienne capitale abandonnée que des églises entourées de jardins. Rien ici ne nous rappelle que nous sommes en Inde. D'abord, la basilique Bom Jesus, immense édifice de pierre et de brique rouge appuyé de puissants contreforts. L'espace intérieur est imposant avec sa voûte en caissons peints dont une partie a retrouvé ses couleurs originales. Des autels aux retables dorés dans le plus pur style baroque ibérique. L'une des chapelles abrite un tombeau de marbre d'Italie où repose le reliquaire contenant le corps momifié de saint François Xavier, mort à Canton en 1552 et ramené à Goa en 1554. En face, la cathédrale du Sé, dédiée à sainte Catherine, plus classique et uniformément blanche. Chaire et jubé en bois sculpté. Le clocher comporte cinq cloches, dont la célèbre «cloche d'or».

Adossée à la cathédrale, l'église Saint-François-d'Assise, la plus belle à notre sens, avec ses larges piliers de bois finement peints et les belles fresques du chœur illustrant la vie du saint. Le portique et le chœur sont de beaux exemples du style manuélin.

Une courte promenade, par une chaleur torride, nous mène aux ruines altières de la tour Saint-Augustin, près du cloître Sainte-Monique, qui témoigne de la colonisation religieuse portugaise dans cette ville alors dépeuplée par la peste.

Nous retournons à Panaji par le même autobus à une roupie, juste à temps pour quitter notre chambre. Nous allons une fois de plus faire réparer les lunettes de Yolande et mangeons un très bon *sea-burger* dans un restominute remarquablement bien tenu.

Nous prenons le traversier pour rejoindre Calangute. Sur l'autre rive, nous sommes abordés par un marin qui nous propose de loger chez lui et de partager son taxi. Pourquoi pas? Il est très sympathique et nous parle des amis qu'il s'est faits à Sorel à l'occasion d'une longue escale. Malheureusement, sa maison est trop éloignée de la mer et puis, il y a quatre jeunes enfants et une radio qui diffuse de la musique bruyante. Nous nous faisons conduire à Baga. Le chauffeur de taxi nous suggère d'aller au petit motel Ancora Lodge, à deux pas de la plage, tenu par un ami. C'est très convenable pour seulement 75 roupies. De plus, un charmant petit restaurant abrité sous un toit de bambou tressé, est attenant au motel.

Les masseurs sur la plage

Nous découvrons aussitôt la magnifique plage bordée d'abris de pêcheurs et de cocotiers. L'eau de la mer est chaude et très salée; les vagues sont belles, amples et longues. Quand j'arrive à la mer, Yolande est déjà en train de se faire masser par un masseur ambulant appelé Munna. Son compagnon me propose un massage à son tour. Il s'agit d'un massage du type shiatsu très revigorant après ces voyages éreintants. Ils ont un calepin rempli d'appréciations élogieuses des clients où il est question de prix: 100 et 200 roupies. Après négociation, ils acceptent 40 roupies. Un «cureur» d'oreilles passe par là, me nettoie les oreilles et prétend même avoir extrait de celle-ci une petite pierre qu'il me montre, évidemment! Il me demande 30 roupies; je lui en donne 20 et il se montre très mécontent. On se baigne, on se détend, on se repose enfin! Sur la plage, nous croisons un autre jeune masseur qui nous propose avec insistance un rendez-vous pour le lendemain matin. Nous entrons assoiffés à notre chambre, commandons un soda à la lime, remplissons les formules d'inscription et nous précipitons de nouveau sur la plage pour voir la boule rouge du soleil s'abîmer dans la mer. Sa plongée se fait en une minute et laisse une traînée rose derrière les rameaux des palmiers. Il y a longtemps que nous n'avions vu un si beau spectacle.

Bière et curry de poissons avec légumes, suivi d'un abondant yogourt. Ici, nous nous sentons vraiment en vacances.

Nous descendons à la route pour chercher le bureau de poste et devons nous informer auprès de trois personnes avant qu'un garçonnet nous conduise vers une obscure petite bâtisse en retrait de la route et qu'on ne parvient à voir qu'à l'aide d'une lampe de poche. Sur la route du retour, nous conversons avec un Goanien dont la maison est tellement proche de la route que le pilier du balcon en a été endommagé à deux reprises par un autobus qui serrait trop au virage. Toute la famille ne parle que portugais et la maison est décorée d'un crucifix, de statues et d'un dessin du Cœur-Saignant.

1er novembre

Je vais à la plage rencontrer le jeune masseur d'hier. Il me masse plus en douceur, un simple massage suédois et me raconte qu'il vit en Uttar Pradesh avec ses deux frères, ses parents et ses grands-parents et qu'ils sont propriétaires de trois buffles qui leur permettent de faire suffisamment de yogourt pour en vendre. Il a appris l'art du massage de son père que l'on a également vu sur la plage.

Après le massage, Yolande me rejoint et nous nous baignons dans une eau si chaude qu'on y entre comme dans un bain; mais nous devons bientôt nous abriter du soleil, après avoir dégusté une crêpe à la banane.

Nous retournons à la plage quand le soleil a un peu baissé et y croisons des vendeurs de fruits. Une fillette de 10 ans nous fait promettre de lui acheter une pastèque demain. Nous sommes abordés par deux autres «vendeuses de la mer», une très belle jeune femme et sa mère portant des saris aux couleurs chaudes du Rajasthan. Elles viennent à Goa par train, pour y vendre des tissus et des vêtements fabriqués au Rajasthan. Nous achetons un beau *longui* tissé de fil d'or et un sac à bandoulière pour 130 roupies, ayant obtenu un rabais de 30 roupies.

Jerry, le Québécois hippie

Beaucoup de promeneurs sur la plage en ce dimanche après-midi et quelques étrangères qui se font bronzer, poitrine nue. Au coucher du soleil, aussi glorieux qu'hier, nous voyons arriver un Occidental entouré de cinq ou six enfants. C'est un missionnaire, nous disons-nous; mais en passant devant lui, nous l'entendons parler avec deux jeunes Français assis sur le sable à ses côtés. Nous l'abordons. «Des Québécois!» s'écrit-il. Il s'appelle Jerry et il est originaire de Sutton dans les Cantons de l'Est. Avec de petites lunettes cerclées de métal sur le bout du nez, il ressemble à Raoul Duguay. Il partage, avec sa femme Julie et leurs trois enfants, la vie d'une commune chrétienne fondée dans les milieux hippies de Californie en 1968, le Heaven's Magic. Ils préconisent l'éducation par la musique, les femmes utilisant par ailleurs la méthode Montessori pour enseigner aux enfants de la commune. Ils sont une trentaine, chaque famille venant d'un pays différent et communiquent entre eux en anglais. Ils passent ainsi d'un pays à l'autre avec leurs nombreux enfants et attendent l'apocalypse avec le sourire. Demain nous rencontrerons un autre membre du groupe, une Française d'Aix-en-Provence qui vit avec un Suisse allemand.

Quant aux deux jeunes Français que nous avons rencontrés, ce sont des étudiants qui font une tournée de l'Inde. Ils ont été traumatisés par la misère et la saleté de Bombay.

Ainsi passent les journées sous ce climat merveilleux, dans un petit village de maisons aux toits de tuiles, entourées de cocotiers dont les fruits pendent au-dessus de nos têtes, de bananiers et de palmiers, de bougainvilliers, d'énormes cactus et de nombreux autres arbres et arbustes à fleurs.

Quelques poules et des portées de cochons noirs gambadent autour des maisons. Au motel, c'est le grand calme; nous n'avons même pas de voisins. C'est aussi la première fois en Inde que nous nous déplaçons sans sac et sans ceinture secrète pour l'argent et les documents: c'est la liberté des vacances.

Au dîner, poulet *tandoori* savoureux et servi en entier, avec les cuisses, enfin! Puis promenade au bord de la mer au clair de lune (c'est presque la pleine lune), la crête des vagues luisant comme le passage furtif de longs poissons d'argent.

2 novembre

Je me lève à 6 h et me rend à la plage où l'on hisse une barque sur des billes. Des marins sont assis autour du feu et quelques barques sont encore au large. Une charrette remonte la pente chargée (illégalement) du sable de la plage.

Après le petit déjeuner, où le café goûte le chocolat, nous retournons à la plage. Notre jeune masseur n'est pas au rendez-vous, cette fois. Nous faisons donc une longue promenade le long d'une rivière qui coupe la plage, jusqu'au Riverside Hotel où nous avions projeté de nous loger et qui ressemble beaucoup au motel que nous habitons. Nous escaladons ensuite la pointe rocheuse qui prolonge la plage. Le sentier est ardu et nous sommes mal chaussés, mais nous avons une vue magnifique sur la baie bordée de rochers volcaniques. Dans l'anse à nos pieds, un groupe de jeunes Français se baignent nus.

Nous revenons finalement par une autre route, vers l'escalier du Chemin de la croix que nous parcourons à l'envers. Nous longeons à nouveau la rivière, croisant un troupeau de quelques vaches et de deux chèvres, les précédant sous le pont couvert et nous retrouvant sur notre plage, assoiffés. Un petit bar sur la plage nous sauve la vie avec une bonne bière froide. Notre promenade a duré deux heures. Baignade et retour au motel, avec détour par le bureau de poste, pour un lunch bien mérité: *paratha* (galette de blé épicée) avec une *raïta* bien fraîche. Dans la rue, un vendeur de glaces passe en faisant tinter sa cloche.

Les touristes indiens de Calangute

Après une sieste, retour à la plage où circulent toujours les vendeurs de la mer (qui sont d'ailleurs prêts à tout nous échanger), les masseurs et les «cureurs» d'oreilles. La brise est maintenant plus fraîche. Nous marchons jusqu'à la plage Calangute vers ce qui de loin ressemble à un brise-lames, mais c'est plutôt un rassemblement d'Indiens arrivés là en autobus pour une excursion à la mer. Ils restent en groupe, l'air de ne pas trop savoir ce qu'ils sont venus faire. Quelques-uns seulement se baignent, tout habillés, d'autres se trempent les pieds, les femmes relevant un peu leur sari. Nous trouvons curieux qu'ils demeurent ainsi tous ensemble autour de quelques vendeurs de glaces, devant les deux grands hôtels de la plage et les Fashion Stores qui nous rappellent que les Indiens ont l'habitude d'acheter quelque chose partout où ils passent. Ils apprennent leur nouveau métier de touristes consommateurs. Yolande engueule un Indien qui la regarde effrontément; deux amis le prennent par le bras et l'entraînent avec eux.

Nous nous assoyons dans le sable et contemplons un autre splendide coucher de soleil aux contours irréguliers comme un dessin d'enfant et échangeons quelques propos avec l'étudiant français rencontré hier. Puis nous rentrons pour un bon repas de crevettes à l'ail *sweet and sour.* Au dessert, le garçon nous apporte une crêpe à la noix de coco plutôt que l'alcool de coco *(palm alcool)* que nous avions commandé. Nous mangeons quand même la crêpe avec plaisir. Le garçon vient s'excuser *("I think I have made a mistake")* et nous apporte le fameux alcool qui rappelle la sljivovica yougoslave. La présence de quelques couples bizarres, jeunes femmes «flyées» et gourous dépassés, confèrent à notre ginguette sous les palmes une atmosphère de bar colonial.

Un petit lézard s'est établi en permanence avec nous. Aujourd'hui, il est passé de la salle de bains à la chambre, ce qui inquiète un peu Yolande qui se méfie des petites bêtes.

3 novembre

Le coq claironne son cocorico pendant des heures. Aboiements des chiens, clop-clop des charrettes à bœufs et croassements des corbeaux: c'est un matin comme tous les autres à Baga.

Le jeune gérant du motel va déposer un bâton d'encens dans une petite niche du mur maintenant occupée par un régulateur de pression, mais toujours surmontée d'une croix décorée d'une guirlande de fleurs fraîches. Le christianisme goanais rejoint ici l'hindouisme et ses fidèles refont les gestes millénaires des Indiens.

Le jeune masseur nous retrouve au petit déjeuner et Yolande l'accompagne à la plage. Je les rejoins plus tard et nage un bon moment, me laissant bercer par les longues vagues au dos rond. Notre petite vendeuse de fruits revient, nous offrant un ananas à 50 roupies. Elle se met en colère quand nous lui disons que c'est beaucoup trop cher, puis retrouve aussitôt son sourire irrésistible.

Yolande remarque qu'il n'y a pas beaucoup d'oiseaux de rivages, seuls quelques pluviers et mouettes rieuses. La chaleur devient vite suffocante et nous rentrons à midi. Le gérant, qui rêve devant une grande carte de l'Inde, nous explique qu'il est le seul pourvoyeur de sa famille: père, mère et cinq enfants qui vivent dans le sud de Goa.

À la mer, cet après-midi, nous avons revu Jerry qui nous explique comment lui et son groupe transforment la vie et forment les enfants par la pratique de chants religieux. Il nous montre une dizaine de cassettes. Le mot «amour» est le leitmotiv de toutes ces chansons. Sa femme Julie de Sainte-Thérère de Blainville nous rejoint. Elle porte son quatrième enfant. Simple et gentille. Nous parlons tous ensemble et Jerry nous raconte sa conversion miraculeuse, survenue spontanément, après 12 ans d'une vie de drogué. Son maître l'a appelé et il l'a suivi. À Goa, chaque jour, il se rend sur l'une des quelques plages séparées par des collines, à quelques huit kilomètres de Baga, pour apporter la «bonne nouvelle» aux centaines de hippies qui s'adonnent à la drogue.

Dernière soirée à Baga

Ce soir, le coucher du soleil est doré plutôt que flamboyant. Le vent s'est levé et les hauts cocotiers aux palmes renversées sur fond de ciel rose ont l'air mélancolique.

Agréable repas de poisson grillé. Yolande apprend au maître d'hôtel à flamber ses crêpes à l'alcool de coco. Tout le monde s'amuse. Ce sera notre dernière soirée à Baga où nous commencions à nous sentir en famille.

4 novembre

Nous nous levons tôt pour profiter de cette dernière matinée à Baga. Il y a une femme qui gueule et qui gueule comme un putois depuis au moins une heure. Petit déjeuner et préparatifs. Nous sommes sur la plage à 8 h 30 et nous nous baignons longuement dans une mer berceuse, sous un soleil brûlant. Dernier massage sur la plage. Ce repos complet de cinq jours nous a fait le plus grand bien; nous éprouvons une certaine hésitation à reprendre la route et ses fatigues.

Un taxi vient nous prendre à 11 h pour nous conduire au traversier. De là, nous prendrons un taxi-scooter jusqu'au terminus d'autobus où nous avons la chance d'obtenir une place pour Belgaum, à 13 h. Nous avons juste le temps de prendre un très bon *thali* à la cantine (légumes, *dhal,* trois sauces, *raïta,* yogourt et *puri*) qui nous ramène à ce que Yolande appelle «l'Inde profonde».

Notre autocar semi-luxe (c'est-à-dire banquettes à trois places) reprend la route montagneuse de Goa traversant une végétation tropicale envahissante, puis s'élevant à une altitude de 2 000 mètres, toujours serrée par la forêt. Ce sont les collines de l'Ouest qui séparent la mer de la plaine du Deccan. On y fait la coupe d'arbres gigantesques dont plusieurs sont fleuris; d'autres portent une tête de grosses grappes de fruits rouges. Nous traversons deux réserves d'animaux sauvages, avant de descendre vers la plaine où la forêt cède peu à peu la place à la campagne. Près de Ponda, où se termine l'étroite voie ferrée de Goa, d'énormes buissons de bambous dominés par de grandes tiges à têtes folles bordent la route.

À la frontière du Karnataka, un policier vient fouiller l'autobus, pour prévenir le trafic de l'alcool, nous dit-on.

C'est maintenant la récolte du fourrage. De grosses meules de foin se dressent au milieu des champs où paissent des troupeaux de vaches et de buffles sous la surveillance de leurs gardiennes. Quelques petites agglomérations sont entourées de jardins et de rizières.

Quelques autres petits bourgs tristes, sous un ciel nuageux, puis, après cinq heures de route, nous arrivons à Belgaum, une grande ville industrielle. Un cirque campe au cœur de la ville, avec ses éléphants et ses girafes.

Nous trouvons un hôtel convenable près de la gare, le Paj Lodge. La ville a un air de fête, c'est le "God's Day", nous dit-on; un enfant distribue des sucreries dans la rue où nous allons faire de petites courses et le marchand ajoute également un petit sac de sucreries aux fruits que nous avons achetés. Une pluie fine nous ramène à l'hôtel.

Avant le dîner, nous allons prendre une bière au bar d'un hôtel situé de l'autre côté de la rue, dans une grande salle entourée de petits cabinets où se retirent les clients à l'abri des indiscrets. Nous sommes ainsi seuls dans la grande salle et ne voyons que les pieds des clients sous les petites portes à battants.

Dosa Masala au restaurant du Paj et au lit, après avoir fait nettoyer correctement la salle de bains.

5 novembre

Lever à 5 h pour prendre l'autobus vers Bagalkot. Il fait encore nuit et il bruine. Petit café au Bus Stand où nous sommes la cible de tous les regards. Nous prenons un autobus local, pas tout à fait assurés de sa destination. Dialogues de sourds avec le percepteur qui parvient quand même à nous faire payer une place supplémentaire pour nos sacs à dos. Il faut se tasser et les bagages s'accumulent. Des gens montent et descendent à chaque arrêt.

Après une région vallonneuse, nous nous engageons, à mesure que le soleil monte à l'horizon, dans la campagne fertile du plateau du Deccan. De vastes étendues de jeunes plants à peine sortis de terre et des champs entiers de tournesols illuminent la plaine. L'autobus se remplit de paysans à turbans jaune vif et de paysannes surchargées, portant des saris bigarrés, peau foncée et un peu railleuses. Elles sont accompagnées à l'autobus par des parents ou amis qui parlent fort et qui rigolent. De jeunes vendeurs de grenades montent à bord de l'autobus et s'amusent à nous y faire goûter.

XI

Au glorieux royaume des Chalukya

Arrêt à Bagalkot. À peine ai-je quitté Yolande pour un moment qu'elle est entourée de gens qui la regardent avec une insistance gênante. De loin, j'ai l'impression qu'elle donne une conférence de presse; mais personne ne parle anglais dans cette foule et seule en sort parfois une question difficilement formée, comme: *"Your motherland?"* Seuls les enfants sourient... ou pleurent. Il est rare en Inde que la communication soit si difficile. Même les autobus ne portent pas le nom translitéré de leurs directions.

Nous reprenons l'autobus pour Badami, traversant une région de collines pierreuses et d'imposants boulders qui ressemblent parfois à des forteresses.

Revoir Badami

Après plus de 11 h d'autobus et 1 h d'attente, nous arrivons à Badami que nous reconnaissons à peine. Il est vrai que nous y étions venus par train à notre voyage précédent. Une *tonga* nous mène à l'hôtel Chalukya, petit havre de paix, où l'on nous promet une chambre à 14 h. Nous pouvons prendre tranquillement une bière devant les grandes fenêtres de la salle à manger où s'agrippent des petits singes qui tentent d'attirer notre attention. Le lunch est lent à venir parce qu'un groupe de touristes français se sont fait préparer un repas.

Badami est le lieu d'un magnifique site archéologique datant du VIe au VIIIe siècle: pierre rouge, gorges, éperons rocheux. C'est déjà beau de la route. Nous nous y rendons en traversant le quartier entourant l'ancienne ville forteresse. Les chiens et les enfants courent après nous: *"One pen... one penny... photo... what is your name?"* C'est assez désagréable. On chasse les chiens en lançant des cailloux et les enfants en les engueulant en français.

Nous visitons le musée qui contient quelques belles sculptures de l'époque et escaladons un escalier cyclopéen qui conduit à deux temples coiffant le roc. De là-haut, on entend le claquement des centaines de lavandières battant leur linge sur les *ghats* entourant le grand bassin.

On se plaît à imaginer la splendeur de ces lieux aux moments de gloire des Chalukya.

Redescendant, nous visitons les temples Boutantha typiques avec leur shikhara de forme pyramidale. De l'autre côté du bassin, quatre temples-cavernes contiennent de fascinantes sculptures à peine plus grandes que nature d'un Shiva dansant aux 18 bras et des avatars de Vishnou, dont un sanglier d'une grande force et des chapiteaux sculptés dont l'érotisme raffiné évoque celui des sculptures de Khajuraho. D'autres grottes abritent des «sauveurs» jaïns qui ont la sobre élégance des kouros grecs. Nous assistons ici à l'un des grands moments de la sculpture indienne.

Nous revenons à l'hôtel complètement à plat après cette visite de trois heures sous le soleil. Nous devons commander notre repas, car nous sommes les seuls à manger ce soir, les touristes français ayant poursuivi leur route. Le vaste jardin de l'hôtel est en fleur et l'on entend le chant des oiseaux. Nous faisons une petite promenade dans la rue au coucher du soleil.

Demain nous compléterons le cycle de l'art Chalukya de cette région par la visite d'Aihole et de Pattadakal.

6 novembre

Quand nous nous levons, à 5 h, la lune est encore là. Il n'y a pas de *tonga* et nous devons marcher jusqu'à la gare. Heureusement, les chiens ne courent pas après nous. Difficultés habituelles pour obtenir des renseignements. Personne ne parle anglais et il n'y a aucune indication lisible pour nous, ni dans la gare, ni sur les bus. Les préposés ne savent dire que les chiffres. L'un nous annonce un départ pour Aihole à 6 h, alors qu'il est déjà 6 h 15. *"In ten minutes"*, ajoute-t-il quand je lui montre l'heure à ma montre. Nous allons prendre un café et une portion de semoule de blé sucrée. Un autre proposé nous dit 7 h. Finalement, c'est le percepteur de l'autobus qui nous invite à monter. Le bus part effectivement à 7 h; il est bondé et il fera des détours par des villages éloignés de la route pour ramasser des passagers hauts en couleurs, dégageant parfois une forte odeur de sueur. Les paysans d'ici sont maigres et pas très propres et les enfants ont des jambes rachitiques. Les femmes ont le verbe haut; elles sont curieuses ou chipies. Certaines demandent à Yolande de leur donner son sac, d'autres nous reprochent de prendre trop de place. Le chauffeur est équipé d'un cornet spécial avec poire de caoutchouc pour dégager la route des buffles et des vaches.

Voyage par ailleurs tranquille, sur une route étroite traversant une vallée fertile aux champs de tournesols, encadrée de collines où perchent quelques forteresses en ruine. C'est le glorieux royaume des Chalukya! Le long de la route, des femmes défilent, portant un ballot sur la tête. Les saris de coton de la région sont rouge vin, bruns, bleus, verts ou cuivre; ils sont bordés d'une bande rouge vif ou frangés d'or.

Aihole: un seul autobus à 13 heures

Nous arrivons vers 9 h à Aihole où tout le monde nous rappelle que le seul autobus de la journée passe à 13 h; il ne faut pas le rater. Nous étions venus seuls dans ce village historique en 1958. Un jeune garçon nous attendait ce soir-là avec une *tonga,* à la gare de Guledgud Road, et nous fit signe de le suivre. C'est ainsi que nous atteignîmes Badami où le maître d'école nous proposa de coucher sur la terre battue dans ce même édifice scolaire en face duquel l'autobus vient de nous laisser. L'endroit était peu fréquenté et cet homme passionné d'histoire s'était improvisé guide et conseiller des lieux. Il nous avait accompagnés dans un restaurant et nous avait remis des petits pots de cuivre utilitaires *(lokas)* en nous indiquant que la toilette, c'était le petit bois derrière l'école.

Le site a été mis en valeur depuis et les principaux temples ont été «paysagés». Nous semons un vieillard qui offre de nous guider et nous nous rendons aussitôt au nouveau Tourist House pour commander le repas du midi; mais rien n'est moins certain.

Au premier des quelques 70 temples d'Aihole que nous visitons, le beau temple Huchimalli, nous faisons la rencontre d'un garçon de 13 ans qui a l'air d'un enfant, mais qui s'exprime très bien en anglais. Il offre de nous guider et, contrairement à nos habitudes, nous acceptons. Il est fort en géographie et en histoire; il connaît le nom de toutes les capitales du monde et a appris de son père les éléments de la mythologie hindoue, ce qui lui permet d'expliquer les nombreuses sculptures des temples. Nous escaladons avec lui la colline pour atteindre la grotte Ravana Phadi aux grandes sculptures de Shiva et d'Ardhanarishwara, dieu hermaphrodite réunissant les traits caractéristiques de Shiva et de sa parèdre Parvati, puis, au haut de la colline, un temple jaïn où trône le sauveur Mahvira dans la posture du Bouddha.

Nous descendons ensuite vers le principal groupe de temples, parce que notre jeune guide est un peu pressé de se rendre à l'école. Le plus spectaculaire, le Durga Temple, du VIe siècle, comporte une abside semi-circulaire et de très fines sculptures; tout à côté, le Lad Khan Temple, Ve siècle, d'une stature imposante et solennelle et dont le *mandapa* abritait les assemblées royales et les mariages. Tous ces temples, dont plusieurs reprennent le modèle primitif fait de colonnes soutenant un toit de poutres, sont d'une pierre de couleur ocre ou rouge sculptée avec une exubérance qui répond au foisonnement symbolique de la mythologie hindoue: dieux, déesses, anges, démons, animaux mythiques, guirlandes décoratives. Tout un monde naît ainsi de la pierre sous nos yeux émerveillés.

Nous faisons seuls le tour d'un rassemblement de six autres temples illustrant les deux grands styles, nâgara (dans le nord) et dravidien (dans le sud), qui allaient s'imposer sur tout le sous-continent indien pendant des siècles. De là l'importance du royaume central des Chalukya qui dura du Ve au VIIIe siècle et qui fut finalement renversé par les Palava de Mahabalipuram, près de Madras. Tous ces temples sont des exemples d'équilibre, d'élégance et de sobriété architecturale. Ils comportent un sanctuaire peu éclairé précédé d'un *mandapa* aux piliers sculptés auquel il est relié par une antichambre appelée *antarâla*.

Nous prolongeons notre tournée, découvrant, vers la sortie du village, d'autres temples découverts plus récemment et que nous n'avions pas vus lors de notre premier voyage. Nous marchons ainsi au milieu de ces ruines somptueuses pendant près de trois heures, fort heureusement sous un ciel nuageux.

À midi, comme nous le redoutions, il n'y a rien à manger au Tourist House, parce que les livreurs ne sont pas encore passés. Nous devons nous contenter d'un thé auquel nous ajoutons quelques biscuits achetés le matin à Badami.

Nous allons ensuite attendre l'autobus devant l'école. Des gens s'attroupent autour de nous, mais dans une ambiance sympathique. Yolande échange des mots, des gestes et des sourires avec un groupe de femmes et d'enfants, pendant que quelques hommes m'interrogent sur mon pays, etc. Mais, ici encore, personne ne parle vraiment anglais.

À l'arrivée de l'autobus, c'est la ruée. Les gens se précipitent sans laisser à ceux qui arrivent le temps de descendre. Un homme doit intervenir vigoureusement pour qu'on laisse passer une vieille dame. Cris et bousculades reprendront ainsi à chaque arrêt jusqu'à Pattadakal. Dans l'autobus, un jeune homme nous interviewe littéralement et traduit nos réponses à son grand-père, un homme plein de noblesse et d'humour.

Les temples royaux de Pattadakal

Dès la descente d'autobus, la vue générale du site historique de Pattadakal nous éblouit. C'est le Chartres des Chalukya; c'est là que les rois étaient couronnés. Le plus bel ensemble monumental et le mieux conservé de la région. Le temples Papanatha, Virupaksha et Malikarjuna, du VIIIe siècle, représentent les sommets de l'art des Chalukya. Ils comportent des sculptures d'une grande élégance et des piliers de proportions imposantes aux reliefs finement sculptés, relatant soit des récits mythologiques tirés des Puranas, soit des scènes des grandes épopées du Ramayana et du Mahabarata, soit des scènes érotiques qui rappellent les sculptures de *maithuna* (d'union de dieux et de déesses) qui ornent la base des colonnes soutenant les murs extérieurs.

On peut parler, à propos de cet ensemble de temples de Pattadakal, de purs chefs-dœuvre. Presque tous les temples, comme à Aihole, sont principalement dédiés à Shiva, mais offrent aussi des représentations de Vishnou.

Un minibus privé fait un arrêt au *bus stand* et s'emplit très vite de passagers qui s'entassent les uns sur les autres. Heureusement, nous n'avons que 20 kilomètres à parcourir. Le long de la route, juste avant d'entrer à Badami, quelques vaches et une centaine de buffles se vautrent dans un étang. Tout un spectacle!

Au terminus, nous avons enfin la chance de trouver un préposé qui s'exprime en anglais et nous annonce que le départ de l'autobus pour Hospet est à 9 h demain matin. Il ne fallait pas lire l'affiche sur le mur, dit-il; c'est un vieil horaire...

Plantureux repas au Chalukya Hotel (notre seul repas de la journée) et promenade dans le parc de l'hôtel merveilleusement éclairé par la pleine lune.

Dernière douche au gobelet dans notre vaste salle de bains, mais où, comme il arrive souvent, ne fonctionnent ni la douche, ni le chauffe-eau. Heureusement, l'eau n'est jamais froide et nous avons maintenant l'habitude des douches à l'indienne.

7 novembre

Nous sommes réveillés par un concert de chants d'oiseaux et les cris des singes. La couleur des oiseaux qui volent dans le parc est aussi vibrante que celle des saris des Indiennes.

XII

Une amie au Karnataka

Nous nous rendons en *tonga* au terminus et y rencontrons un jeune Australien qui loge à notre hôtel. Il veut se rendre à Pattadakal et réussit finalement à attraper un autobus. Le nôtre n'arrive toujours pas et les informations que nous recueillons sont contradictoires. Finalement, un contrôleur nous annonce qu'il va à Hospet, même si les passagers déjà installés n'en paraissent pas trop sûrs. L'angoisse kafkaïenne de manquer le bon autobus.

Peu de passagers au début et nous nous installons confortablement. La route serpente à travers la campagne. Des champs, d'un horizon à l'autre, parfois recouverts d'immenses nappes de tournesols, parfois percés de jeunes pousses comme au printemps. Ce paysage monotone nous accompagnera toute la durée du voyage; finis les *ghats* et la côte. Nous traversons des villages aux maisons recouvertes de pisé épousant des formes rondes étranges, presque futuristes. Le pays est de toute évidence très pauvre et les terres semblent peu fertiles. Notre autobus qui s'arrête à tous les villages, déposant les passagers presque devant leur maison, s'emplit et se vide au gré des arrêts. On n'entend que la langue kannada et cette succession d'arrêts et de départs, à la façon d'un livreur, rend le voyage très fatiguant.

Nous arrivons harassés au terminus de Hospet où personne ne semble pouvoir lire le plan qui indique où nous devons nous rendre. Chacun y va de son commentaire et l'on se passe le papier d'une main à l'autre. Nous prenons finalement une auto-rickshaw qui s'arrête à mi-chemin et ne sait plus quelle direction prendre. C'est l'attroupement autour de nous et il s'écoule plusieurs minutes avant que quelqu'un puisse déchiffrer le plan et nous indiquer la bonne direction.

Parvati, la femme de Shastri, notre ami indien rencontré il y a 30 ans, est à la porte de sa maison et me serre chaleureusement dans ses bras. Je cours chercher Yolande qui était à bout de patience. La maison est petite, mais confortablement indienne et entourée d'un superbe jardin: cocotiers, grenadiers, lauriers, hibiscus et autres. Parvati paraît ravie de notre arrivée; elle commençait à s'inquiéter. Elle nous invite aussitôt à prendre un bain et nous sert un repas vraiment délectable, nous entretenant joyeusement de sa vie et de ses projets pour notre séjour.

Mongra, une gentille petite fille que sa mère empêche de fréquenter l'école, vient balayer le plancher et le trottoir devant la maison. Elle y trace par la suite un dessin géométrique à la poudre de pierre *(rangoli)*, signe de bienvenue et de bonne fortune, qu'elle refait le soir et le matin, à l'heure de la *puja*, comme Parvati le lui a enseigné.

Parvati nous conduit en ville après le coucher du soleil, pour une promenade au marché. Grande animation dans les rues où circulent surtout des cyclistes et des piétons. C'est l'heure où les nombreuses boutiques qui bordent les rues font leurs meilleures affaires. Il y a panne d'électricité et chaque comptoir du marché de fruits et de légumes est éclairé d'une bougie ou d'une lampe à huile. Cet éclairage augmente encore la fascination de ces rangées de marchands et de marchandes, chacun installé derrière son comptoir et annonçant ses produits, discutant des prix avec chaque client. Dans la pénombre, un jeune buffle fend soudainement la foule et projette Yolande dans un étalage de légumes. Petit émoi, mais sans autre mal.

Parvati ayant choisi minutieusement ses fruits et ses légumes, nous rentrons par des rues calmes qui viennent tout juste d'être balayées. Parvati, qui a entrepris de bien nous nourrir et qui ne démordra pas de cette résolution tant que nous demeurerons chez elle, nous sert un deuxième succulent repas, puis nous dormons sur un matelas étendu sur le parquet dans une petite chambre qui a été dégagée pour nous. Il y a malheureusement beaucoup de moustiques.

8 novembre
Les ruines de Vijayanara

Nous nous sentons beaucoup plus dispos aujourd'hui, après une nuit reposante. Nous flânons un peu dans le jardin et Parvati nous sert un copieux petit déjeuner: *iddli* et *coconut chutney*. Elle nous conduit en taxi au site historique de Hampi, l'ancienne capitale du royaume de Vijayanara (du XIVe au XVIIIe siècle). Nous découvrons à notre grande surprise qu'il n'y reste pas seulement des ruines d'anciens monuments, mais aussi des édifices et des monuments presque entièrement conservés: le lotus mahal, le bain de la reine, l'écurie des éléphants et une partie de la muraille, mais surtout de très beaux temples dont les colonnes élancées et le rythme audacieux des sculptures habillant les colonnes évoquent le grand art de cette Renaissance que fut le royaume des Vijayanara. De très beaux bas-reliefs, parfois d'inspiration perse, recouvrent les murs extérieurs.

Le premier temple que nous visitons est dédié à Shiva dont la représentation, une tête en argent doré, est surmontée d'une couronne de serpents dressés. Son immense *gopuram* se reflète, à la lumière du soleil, dans une chambre interne du temple. Dans le *mandapa* se déroule une cérémonie de mariage. Parvati connaît les mariés et ils nous invitent à nous joindre à eux. L'époux est d'abord lavé par ses parents et amis; vêtu de blanc et portant un chapeau carré sur la tête, il va s'asseoir à côté de son épouse; ils sont entourés de leurs proches. L'aîné des frères passe une bague d'argent au pied droit de la mariée. Trois musiciens (flûte, shenaï et tambour) accompagnent la cérémonie. Deux femmes de la suite viennent offrir à Yolande une guirlande de fleurs pour ses cheveux et nous offrent du bétel, nous remerciant d'avoir participé en quelque sorte à la fête. Nous souhaitons aux mariés bonheur et enfants.

Les vestiges de l'ancienne ville royale s'étendent sur 26 kilomètres carrés. Sculptures géantes en granit de Ganesha et de Yoga Lakshminarasimha, colonnes dressées au milieu des ruines comme des propylées, un magnifique char en pierre, des grottes gardées par des singes chapardeurs, tout cela au milieu d'un paysage lunaire de rochers énormes étrangement accumulés les uns sur les autres, fantastiques boulders défiant les lois de l'équilibre, s'épaulant parfois, propulsant le regard vers d'autres formes tout aussi incroyables, à perte de vue.

Nous allons nous reposer et nous tremper les pieds dans l'eau de la rivière qui traverse le site. Un pavillon de pierre y a été érigé en l'honneur d'un poète réputé. Puis nous terminons notre visite par le musée de Kalananapura, guidés par le conservateur lui-même qui nous invite dans son bureau où il conserve des pièces d'or de l'époque, ainsi qu'une magnifique ceinture d'or et un poignard à manche d'ivoire rehaussé de filaments d'or.

Sur la route du retour, traversant des villages pittoresques, nous croisons des femmes en saris de couleurs criardes, portant dans les cheveux, au cou et aux chevilles, de lourds bijoux d'argent, les bras presque entièrement recouverts de larges bracelets de corne. Ce sont des Lamanis, membres d'une tribu qui habite la région.

Notre excursion se termine par un lunch à la Parvati: des pommes de terre apprêtées avec des graines de moutarde noire, de l'huile, du piment vert, de l'oignon et des feuilles de laurier; puis *rasam*, riz et *puri*. Avec une telle hôtesse, on ne risque pas de mourir de faim.

Les amis de Parvati

Nous consacrons l'après-midi à la correspondance, mais il passe constamment des gens chez Parvati. D'abord trois jeunes gens, amis de la famille, qui tiennent un commerce de télévisions. L'un d'eux reste derrière et ne parle pas, malgré les incitations des deux autres. Nous comprenons qu'il est d'une caste inférieure; ce sont choses dont on parle peu ouvertement, mais qui sont bien réelles. Un quatrième visiteur nous affirme que c'est un jour heureux pour lui parce qu'il nous a rencontrés. Il nous avait vus arriver hier, croyant que nous nous trompions d'endroit. Ce qui nous surprend le plus chez ces jeunes Indiens, c'est une certaine candeur que l'on ne retrouve pas chez nous.

Puis arrive une jeune musulmane aux cheveux courts, et une femme en sari de coton rouge, amie de longue date de Parvati qui vient se plaindre du sort que son fils lui fait subir.

Tout ce monde parle longuement avec une bonne humeur communicative. Les garçons manifestent leur intention de partir à plusieurs reprises, puis reprennent la conversation. C'est la vie de village.

De plus, Parvati dispose d'un téléphone et beaucoup de personnes viennent l'utiliser. Parvati semble prendre grand plaisir à parler et à rire avec tous ces gens.

La petite Mongra que Parvati envoie préparer notre lit pour la nuit revient déçue, parce que je l'avais déjà fait. J'éviterai ce zèle à l'avenir.

Au souper, salade de légumes aux éléments très subtils et reste de la pâte à *iddli* traitée avec de la noix de coco, du piment vert, des oignons et de l'huile. Cuisine simple et complexe qui repose sur l'habile manipulation des éléments. On utilise le mortier de pierre, incrusté dans le plancher de la cuisine (car tout se fait par terre) et le hachoir plutôt que le *blender* électrique. «La main possède des vibrations pour le goût» dit Parvati.

9 novembre

Nous sommes réveillés très tôt par une cacophonie de jappements de chiens errants qui se battent dans la rue. Parvati se lève à 6 h pour recevoir la femme qui vient lui livrer tous les jours du lait de bufflesse. Je la vois passer dans le jardin en sari blanc. Elle fait ensuite sa *puja* à son petit autel, dans la cuisine, où elle allume une lampe à huile en cuivre de style ancien. Puis elle imprime deux doigts de poudre jaune et rouge sur le pas de la porte.

La petite Mongra est déjà au travail, à laver la vaisselle de la veille et à balayer le plancher. Elle préfère rester toute la nuit auprès de Parvati plutôt que d'entrer chez sa mère. Elle couche sur le plancher de la salle à manger.

Nous sommes encore gâtés par Parvati qui nous sert un petit déjeuner d'*uppuma* avec du *Kesari Bhat.*

En attendant le taxi que Parvati a loué pour la journée, nous respirons le parfum des fleurs du jardin particulièrement intense en début de matinée.

Puis c'est le départ pour Kampli, le village natal de Shastri. Nous traversons une fois de plus le vaste cirque de rochers et de boulders de Hampi, avec le même émerveillement devant ces acrobaties rocheuses, conséquences d'on ne sait quelle catastrophe géologique. En route, Parvati nous fait visiter, à la demande expresse de Shastri, qui est demeuré aux États-Unis, la terre qu'ils ont achetée en bordure de la rivière Tungabhadra et qui est devenue leur *dreamland*: projets de construction d'une laiterie, d'une école et d'un centre d'études sanscrites. Pour le moment, c'est presque un terrain vague et quelques ouvriers taillent péniblement la pierre en vue d'ériger un *mandapa* sur le bord de la rivière qui est, cette année, à sec.

Après nous être promenés dans les broussailles remplies de chardons, essayant d'imaginer la réalisation de ce rêve fou, nous poursuivons vers Kampli, petit village aux rues étroites où les charrettes à bœufs occupent presque toute la place. De chaque côté de la rue, des maisons modestes en rangée, certaines dotées d'un porche étroit soutenu par de minces piliers.

La vieille femme qui a vu Dieu

Nous entrons chez un ami de Shastri, un ingénieur qui a lui-même construit sa maison. Au rez-de-chaussée, une salle de séjour, la cuisine, la salle de bains et les toilettes. Trois petites pièces sont situées à l'étage, auquel on accède par un escalier si étroit et si raide qu'il est difficile d'y monter. Ses propres tableaux décorent presque toutes les pièces. Nous rencontrons sa jeune femme et son fils, âgé de deux ans, entouré de jouets comme un enfant américain. Nous partageons avec eux un jus de noix de coco et nous nous rendons ensuite à la maison paternelle de Shastri, une belle maison ancienne au plafond soutenu par de fines colonnes de bois, le sol étant recouvert de larges pierres noircies par les ans. La voisine qui nous a ouvert la maison nous invite ensuite chez elle d'où nous passons chez un autre voisin. Nous y rencontrons les vieillards restés au foyer, et nous sommes très émus par la simplicité et l'accueil chaleureux de ces gens. Partout on nous offre du lait — symbole concret de la générosité des paysans — ou du thé et du café. Assise devant sa maison, une dame de 83 ans que nous saluons déclare qu'aujourd'hui elle a vu Dieu; c'est la première fois de sa vie qu'elle voit des étrangers et nous sommes probablement les premiers étrangers à avoir visité ce village. Ici, les seuls changements importants, par rapport aux siècles précédents, sont l'utilisation du gaz propane et de l'électricité (en panne aujourd'hui). Tous ces gens sont très fiers de leurs maisons et insistent pour que nous visitions bien toutes les pièces. Salle de séjour, cuisine, salle de bains et toilettes à la turque: c'est à peu près toujours la même division de l'espace. Le porche et le sol sont décorés de ces *rangolis* de bon augure qu'on a vu tracer chez Parvati.

De retour à Hospet, nous cherchons en vain un film pour diapos, mais nous parvenons à trouver deux rouleaux de papier de toilette. Parvati nous prépare un autre festin indien: riz au *dal,* beignets accompagnés de piments séchés, *raïta* aux tomates, *chapatis,* etc. Chaque repas est pour nous une découverte délectable. D'ailleurs, depuis deux jours, Yolande s'initie aux subtilités de la cuisine indienne en travaillant avec Parvati dans la cuisine.

Je vais chez le barbier en moto avec Surya Naraya, le chevalier servant de Parvati. Il me conduit chez le barbier qu'il fréquente depuis son enfance. Après la coupe de cheveux, on me fait un très vigoureux massage de la tête, du cou et des épaules, puis craquement du cou, étirement des oreilles et pincement de la peau du front. Un traitement qui secoue un peu, mais qui fait du bien.

Nous décidons que nous prendrons le train demain; nous sommes devenus un peu allergiques à l'autobus depuis notre dernier voyage plutôt pénible.

Notre dernière soirée à Hospet est splendide, comme une belle soirée d'été chez-nous. Yolande pense avec nostalgie que nous aurions pu recevoir du courrier ici si nous avions pensé laisser l'adresse à nos enfants.

10 novembre

Je me lève dans la nuit pour aller aux toilettes et je trouve la porte qui y mène barricadée à triple tour, probablement une précaution rassurante dans cette maison où ne couchent habituellement qu'une femme et un enfant. Nous dormons mal et nous nous réveillons à 7 h. Parvati s'affaire dans la cuisine, puis sort cueillir les petites fleurs qui poussent sur des arbustes et dont la bonne fera des guirlandes pour orner sa coiffure. Elle a fait moudre du riz, hier soir, tout spécialement pour nous préparer de délicieux *dosas* au petit déjeuner. Nous nous en régalons abondamment.

Yolande et Parvati se rendent ce matin chez le marchand de *bangles* (bracelets indiens), une boutique offrant des milliers de bracelets de toutes les couleurs, en plastique ou en verre. Yolande en reviendra les mains pleines.

Dans la rue, une quêteuse, jouant du tambour et portant sur la tête un autel dans un panier, passe de porte en porte.

C'est aujourd'hui le jour des adieux. Nous allons rendre visite aux voisins et aux amis d'en face. Le père, âgé de 75 ans, se montre tout heureux de nous recevoir. Ils font le commerce du café et vivent à cinq dans leur petite maison de trois pièces. La salle d'eau est à l'extérieur, attenant à une petite cour pavée de pierres dans un décor de plantes vertes.

Pendant que nous prenons le café avec une sucrerie et des croustilles salées, on nous montre des photos de famille et de mariage. Le plaisir candide que ces gens éprouvent à nous recevoir chez eux est tout simplement désarmant.

Les larmes aux yeux

Dernier repas chez Parvati et départ pour la gare dans deux rickshaws. Parvati nous donne des bananes, du jasmin et une rose pour Yolande. Arrêt d'adieu chez la mère de Surya que nous avions rencontrée chez Parvati. Elle est ravie de notre visite, nous sert un petit dessert et offre une coupelle en inox à Yolande «pour le souvenir», dit-elle. Puis arrivent la femme de Surya, très jolie, sa belle-sœur avec sa petite fille et enfin son frère sur une moto. Toute la famille est là, venue spécialement pour nous saluer. Surya et Parvati nous accompagnent à la gare. Ce sera notre premier adieu dans une gare indienne: étrange sensation. Parvati a les larmes aux yeux quand le train démarre.

Dans le train, nous sommes seuls sur une banquette; c'est le grand luxe. Nous traversons une vaste plaine irriguée de canaux et hérissée de façon tout à fait surprenante de boulders qui rappelle ceux de Hampi. Puis la colline rocheuse de Bellari surgit de ce paysage. Elle est entourée d'une muraille sinueuse et de plusieurs fortins qu'y a fait construire le sultan Haider Ali. C'est vraiment spectaculaire.

Notre voisin d'en face, un musulman d'âge mûr peu loquace, vérifie l'heure à la tombée du jour, étend un carré de coton sur la banquette et s'oriente vers la Mecque pour sa prière du soir. Il s'incline plusieurs fois, touchant la banquette de son front. Puis il nous dit quelques mots, la mine épanouie, alors que nous croyions qu'il ne parlait pas anglais.

Le train entre à la gare de Guntakal avec 45 minutes d'avance. Au *retiring room,* situé à la jonction des voies ferrées, on ne dispose que d'un *dormitory,* c'est-à-dire d'une chambre à deux lits, la salle de bains étant commune. La préposée, une grande femme autoritaire mais enjouée, nous fournit des draps propres et des serviettes et réclame deux roupies de *tip,* «parce que vous êtes des étrangers», dit-elle en riant. Elle nous conseille de mettre notre propre cadenas sur la porte, affirmant que celui qui est fourni n'est pas sécuritaire. Les Indiens emportent généralement leurs propres cadenas.

Nous dînons d'une pâtisserie, d'un thé et d'une banane que nous achetons sur le quai. Sur le toit d'un édifice voisin, un Indien bien mis, transportant sa valise, s'installe pour la nuit. Le sifflet des trains et l'œil cyclopéen des locomotives nous offrent un spectacle son et lumière qui durera toute la nuit. Nous sommes intégrés dans la vie bruyante de la gare.

11 novembre

Lever à 6 h par temps nuageux. Notre voisin sur le toit a passé un pantalon sans faux pli et une chemise blanche impeccable, après sa nuit en plein air. Les Indiens s'accommodent ainsi facilement de toutes les circonstances. Nous devons agir de même et nous nous débrouillons assez bien pour la toilette matinale dans les salles de bains publiques.

Petit déjeuner toasts-œufs-café au buffet de la gare et promenade en direction de la ville située à l'écart de la gare. Nous croisons en route une enseignante indienne aux longs cheveux roux, entourée de jeunes enfants. *"What is your sweet name, auntie?",* demande-t-elle à Yolande d'une voix chantante. Nous apprenons qu'elle est authentiquement Indienne et non pas d'origine anglaise comme nous le croyions. Dans les rues de la ville, bordées de nombreuses boutiques, les gens se montrent très sympathiques et deux musulmans âgés, vêtus du costume traditionnel, nous abordent même pour savoir d'où nous venons et si nous aimons l'Inde. Notre tournée des boutiques (où l'on nous offre de la soie en polyester) tourne court car il commence à pleuvoir. Nous remarquons le long de la route, comme il arrive souvent en bordure des chemins de fer ou dans les terrains vagues, des agglomérations d'abris misérables et sales, parfois recouverts de guenilles ou de toiles en lambeaux.

XIII

En amour avec Bombay

De retour à la gare, je parviens à mon grand soulagement à obtenir confirmation de nos places pour Bombay.

Le train arrive en gare avec une demi-heure d'avance et c'est un coolie qui nous avertit que c'est l'Udyan Express pour Bombay. Nous prenons place dans notre compartiment sans peine, sans histoires, sans rencontres. Nous avons, pour la première fois, deux couchettes latérales, ce qui limite les contacts avec les passagers qui sont dans des compartiments fermés. Il pleut. Le paysage monotone du plateau du Deccan défile jusqu'à la nuit.

12 novembre

Lever du soleil radieux dont la boule rouge paraît rouler derrière le train. Nous approchons de Bombay et bientôt apparaissent le long de la voie ferrée des immeubles à plusieurs étages, au ciment lépreux, coiffés d'une forêt d'antennes de télévision, ces nouveaux paratonnerres de la misère.

Arrivés à la gare de Dadar à 7 h, nous trouvons assez facilement le train de banlieue pour la gare du Victoria Terminus (V.T.). Un seul moment de cohue, à la descente des passagers. Par la suite, les choses se tassent. Après un trajet de 20 minutes, nous arrivons à V.T. et prenons aussitôt un taxi qui a quelques difficultés à trouver le Fernandes Guest House, niché au 4e étage d'un édifice à bureaux de courtage et n'ayant comme affiche qu'une petite plaque de métal près de l'entrée. Je monte en éclaireur et c'est l'un des deux jeunes Français rencontrés sur la plage de Goa qui m'ouvre la porte. Le monde est petit, même en Inde.

C'est une pension goanaise tenue par une dame âgée et son fils. C'est simple, propre et bien tenu. On nous donne une chambre avec de grandes fenêtres donnant sur le port. Les toilettes et les salles de bains sont sur l'étage. Le prix de 80 roupies par jour inclut le petit déjeuner. À Bombay, c'est une véritable aubaine! L'architecture du quartier de Balard Estate où nous logeons rappelle étrangement certains quartiers de Paris. Grands immeubles, hautes fenêtres à la française et conduites d'eau escaladant les murs extérieurs. Et beaucoup d'arbres.

Après une bonne douche, nous faisons notre premier tour de ville. Bombay n'est pas aussi terrible qu'on nous l'avait dit. La ville nous séduit au premier coup d'œil. Nous sommes tout surpris, après notre grand tour de l'Inde, de retrouver une ville «debout», avec des édifices qui nous rappellent à la fois Paris et New York. Beaucoup de verdure et des rues calmes malgré une grande affluence. Ici, pas de rickshaws, ni même de vaches dans la rue, seulement une nuée de taxis jaunes et noirs et beaucoup d'autos de luxe importées. Dans les petites rues cependant, la misère s'étale dans des abris d'occasion et tout le bric-à-brac des familles vivant sur les trottoirs. Ainsi, une fois de plus, loin des grandes artères, le Moyen Âge reparaît.

Nous nous rendons au Tourist Office, près de Churchgate, où nous rencontrons Mme Devichand qui nous reçoit correctement, mais froidement. Il faut dire qu'à compter de maintenant je suis officiellement l'invité du Tourist Office qui doit nous procurer les titres de voyage. On m'attendait beaucoup plus tôt, et seul. Le message de Delhi avait été mal fait et il a donc fallu prendre des mesures pour obtenir une deuxième réservation pour Ahmedabad. Petit moment de panique de part et d'autre. Mme Devichand nous suggère d'aller nous-mêmes réserver un billet à l'agence de voyages de l'hôtel Oberoi; mais c'est à Indian Airlines qu'il faut aller. Nouvelle inquiétude, recherche du bureau d'Indian Airlines et attente d'une demi-heure. Une gentille préposée nous fait alors remarquer que mon billet est mal rédigé (Bombay-Ahmedabad Bombay, plutôt que Delhi), mais que l'entrée à l'ordinateur est correcte. Elle s'occupe donc de corriger mon billet et trouve une place pour Yolande aux mêmes dates (billet que nous payons, évidemment). Grand soulagement arrosé d'une bonne bière froide, suivi d'une promenade le long de la Marine Drive d'où la vue de la baie encerclée, sur l'autre rive, de tours blanches éclatantes est vraiment impressionnante.

Nous remontons ensuite lentement vers notre pension, croisant dans les rues une multitude de petits marchés. Le long de Veer Nariman Road, des boutiquiers sont établis comme sur les quais de la Seine. On y offre livres et revues de tout genre, des étalages adossés à une grande clôture de fer. Nous visitons également l'Emporium du Gujerat, séduits par cet artisanat aux couleurs flamboyantes.

Quelques jeunes quêteux et quêteuses, ces dernières couvertes de gros bijoux d'argent et portant chacune un bébé, nous approchent, mais sans le harcèlement des autres villes de l'Inde.

Au coin des rues Mahatma Gandhi et Veer Nariman, une centaine de Tibétains tiennent un meeting de protestation contre les négociations qui se déroulent entre l'Inde et la Chine et dont le Tibet est évidemment exclu.

À 18 h, nous nous rendons au Taj Hotel pour assister à un récital de danse Kathak, à la salle Tanjore. Luxe inoui de l'hôtel et de ses boutiques. Le récital est donné par une jeune et jolie danseuse, Nishida Zaveri, vêtue d'un costume qui souligne l'influence mogole de cette danse très sensuelle et suggestive. Le rythme domine la danse qui reprend les gestes du Bharata Natyam classique, mais sur un rythme plus rapide. Plutôt que de l'avant à l'arrière, le mouvement ici est circulaire, la danseuse pivotant sur elle-même plusieurs fois et très rapidement. La cadence des pieds marquée du bruit de clochettes des chevilles crée une impression de mouvement immobile fascinant. La danseuse est accompagnée par son gourou, un chanteur à la voix poignante, et par un extatique joueur de tabla.

Après le spectacle, nous remontons la Mahatma Gandhi Road vers Nariman Road à la recherche d'un restaurant. Ne trouvant pas le Khyber que nous recherchions, nous entrons dans un restaurant chinois, le Kampling, où le service est d'une lenteur désarmante. Puis nous rentrons à pied, de nuit, à travers des quartiers presque déserts, sans la moindre inquiétude. Nous passons dans la petite rue Calicut, non loin de notre hôtel, rue misérable encombrée de déchets, petits bars sordides, appartements débordant de toutes parts dans la rue...

13 novembre
Les grottes d'Éléphanta

Au petit matin, nous nous rendons en taxi à la Porte de l'Inde *(Gateway of India)* pour traverser à l'île d'Éléphanta. La mer est belle et nous voguons entre une cinquantaine de bateaux endormis dans un léger brouillard, en rade dans le port de Bombay. À peu de distance d'Éléphanta, notre bateau tombe en panne et nous devons nous faire remorquer par un autre bateau jusqu'à proximité de l'île où une petite embarcation poussée par des perches de bambous nous prend en charge.

Il faut escalader 120 marches pour atteindre les grottes, au milieu de nombreux vendeurs et de femmes, des insulaires qui pour 10 roupies veulent se faire photographier avec des vases de cuivre sur la tête. Force et splendeur des sculptures de la grotte, œuvres des mêmes Chalukya qu'à Badami. On y retrouve d'ailleurs le même style vigoureux et dynamique. Les sculptures de la grotte principale constituent le plus bel hommage de pierre qui ait été rendu à Shiva. Une dame indienne qui nous guide expose intelligemment la mythologie qu'illustrent les sculptures: Shiva animant le monde par sa danse cosmique, détruisant le démon Ravana, épousant la déesse Parvati, recevant dans sa chevelure les eaux du Gange pour assurer la survie de l'humanité, méditant dans la pose du yogi entre deux cycles de manifestation, puis, l'apothéose, au centre de la grotte, l'immense Trimurti (Shiva à trois têtes l'associant à Brahma et à Vishnou), la seule sculpture du groupe conservée intégralement, un panneau qui la recouvrait l'ayant mise à l'abri du fanatisme destructeur des envahisseurs portugais.

Le retour vers Bombay nous fait découvrir, de la mer, la splendeur de cette ville unique au monde.

Nous nous empressons de passer à la banque où une foule nombreuse et animée fait la queue dans les escaliers. Quand vient mon tour, un superviseur très sérieux examine ma signature un bon cinq minutes avant de donner son accord. À 15 h, nous allons enfin luncher dans un petit restaurant situé dans le jardin du musée Jehangir, le Samovar. Quelques instants de détente en mangeant notre *mutton hamburger* avec une bière froide.

Nous nous rendons ensuite au prestigieux musée Prince of Wales, joyau de l'art victorien. Nous y retrouvons surtout une importante collection de miniatures de toutes les écoles (Mewar, Basoli, Mogol, etc.) qui nous séduisent toujours par la naïveté subtile du dessin, leur raffinement et l'éclat de leurs couleurs. Nous nous laissons également attirer par une collection de peintures et de sculptures du Tibet et du Népal, dont des reproductions de fresques tibétaines copiées par Li Gotami, la compagne du Lama Govinda, lors de son voyage de 1948 (*Le chemin des nuages blancs,* Albin Michel, 1969).

En soirée, nous assistons à un récital de flûte *carnatique* du théâtre Tata, un édifice construit en 1976 et qui nous rappelle beaucoup la Place des Arts de Montréal. Messieurs chics et dames en luxueux saris. Le flûtiste, N. Ramani, est accompagné au violon par M. Nagarij et au tambour *(mridangam)* par l'extraordinaire Palghat R. Raghu. Ils exécutent les raga Bhairavi, Gaula, Gaurimanohari, Hindolam et Kambhoji. Un public peu nombreux applaudit poliment. Nous sommes loin de l'exubérance et de la fièvre de l'auditoire qui nous avaient frappés lors d'un récital de Ravi Shankar, lequel avait duré une dizaine d'heures, à Calcutta, en 1959; ce soir, deux heures précises, après quoi les musiciens saluent et se retirent.

Dessins d'enfants dans la rue

Promenade sur la Marine Drive où des centaines de personnes se sont rendues contempler le coucher du soleil et les lumières de la ville. Vendeurs ambulants, familles, jeunes amoureux... plaisirs d'une belle soirée au bord de l'eau. Nous marchons jusqu'à la rue Veer Nariman où nous allons dîner sur l'agréable terrasse du restaurant Gaylord's: bière, poisson grillé et frites, dans une ambiance chaleureuse. Nous rentrons ensuite doucement à pied, confiant à la vigile de la tour de la Reserve Bank of India le soin de poster une carte à notre fille, la boîte postale étant située à l'intérieur de la cour. Dans la rue, des enfants ont dessiné à la craie de jolies maisons accueillantes. Images de bonheur par des enfants qui campent littéralement dans la rue! Nous évitons la rue Calicut dont la misère devient obsédante. Pandou, notre portier, garçon et homme de service, nous ouvre comme tous les soirs avec le plus grand sourire.

Nous nous plaisons de plus en plus à Bombay et nous avons refusé de quitter notre grande chambre donnant sur le port pour une chambre dans un hôtel que nous proposait le Tourist Office.

14 novembre

Première décision de la journée: ne pas faire le tour de ville qu'on nous a offert gratuitement et qui comprend en plus des monuments que nous avons déjà vus, le jardin suspendu et l'aquarium. Nous nous rendrons plutôt dans le cœur populaire de Bombay.

Petites courses d'abord, poste, nettoyeur, film..., avant d'aller prendre le train de banlieue à Churchgate pour rejoindre la gare du Bombay Central: première classe, 34 roupies. Nous rigolons avec le guichetier et achetons au guichet suivant des billets de deuxième classe pour deux roupies. Il n'y a pas encombrement, ce matin. Un passager, qui a lié conversation avec nous, nous indique la station. À la sortie de la gare du Bombay Central, nous découvrons une population grouillante, un monde complètement différent; ce n'est plus le quartier du Fort et le luxe des grandes avenues. C'est l'Inde profonde qui reparaît, avec l'encombrement et la saleté des rues, des maisons misérables, des boutiques occupant le trottoir, des familles entassées dans d'étroits réduits béants sur la rue, ou occupant d'immenses immeubles délabrés; d'autres familles sont simplement installées dans la rue. Partout, une foule qui paraît n'aller nulle part.

Après avoir suivi un trajet compliqué, nous remontons la rue R.S. Nimhar où s'alignent les boutiques des petits métiers du bois, puis des tresseurs de paniers, de tables, de chaises et de tabourets en rotin. Femmes et enfants y travaillent lentement, à la vue des passants, avec une interminable patience.

Un quartier mal famé

Nous atteignons finalement Bapurao Road au cœur du célèbre quartier mal famé qui s'annonce d'abord par trois cinémas. La rue est bordée d'extravagantes maisons décrépies, à façades arrondies où sont exposés des tissus de toutes sortes et de toutes couleurs, véritables oriflammes de la misère.

Une longue charrette livrant une cargaison d'encens nous incite à entrer chez le grossiste, Sadhana Agarbatti Works, dont le patron, élégamment vêtu de blanc dans cette boutique de rue, nous présente ses propres créations et nous entretient des conditions de son marché. Il nous offre un paquet d'encens Chandam (pour qu'on l'essaie) et nous achetons 12 paquets de Mogra. Il nous demande ensuite le nom de notre hôtel, car il voudrait nous inviter le lendemain à visiter la ville avec lui; nous aurons malheureusement quitté Bombay pour Ahmedabad.

Petit à petit commencent à apparaître les maisons de passe. Le quartier des «putes» est plutôt sympathique, de jour en tout cas. Il y a de très jolies filles et certaines sont élégamment vêtues. Elles occupent des petites maisons sur la rue, disparaissant parfois derrière une double porte à barreaux de fer. Plusieurs nous font des invitations amusées; mais elles se voilent le visage si on veut les photographier. À deux reprises, des filles attrapent Yolande par la manche. Gestes de provocation... ou de solidarité? Cela dure jusqu'au carrefour de la rue Sardar Patel qui donne accès au Char Bazar, agglomération de boutiques spécialisées (outils, ferronneries) et de magasins d'antiquités ou d'objets d'art. C'est le marché aux puces; on y trouve une quantité surprenante de vieux tourne-disques avec leur spectaculaire porte-voix. Puis, nous débouchons sur un marché de fruits et de légumes où l'on nous fait goûter à une sorte de marron grillé d'un goût différent de celui que nous connaissons, et à un fruit à chair blanche nouveau pour nous.

Revenus à la rue Sardar Patel, harassés par cette longue marche sous un soleil de plomb, nous nous reposons dans un restaurant végétarien propre et bien tenu où je prends un *thali*; Yolande, qui ne se sent pas très bien, se contente d'un jus de mangue. Nous repartons en taxi pour le quartier Walkeshwar, sur la baie. Le chauffeur nous parle sans arrêt, en marathi, tout en cherchant sa route, s'arrêtant pour se renseigner, sans jamais se départir de sa bonne humeur et de toute évidence très satisfait de sa performance quand il nous laisse à bon port, c'est-à-dire à un temple jaïn qui domine la colline au bas de laquelle est situé Walkeshwar. Le temple, qui fait partie du tour de ville officiel, est un prestigieux édifice en marbre contenant d'impressionnants *tirthankaras* (sauveurs jaïns) dont les yeux se détachent sur un fond nacré. Quelques femmes y font leur dévotion et il s'y trouve un officiant portant un voile blanc sur la bouche par respect pour toutes les créatures vivantes. Au plafond richement décoré, des peintures très voyantes représentant les signes du zodiaque.

Le village brahmane de Walkeswar

À la sortie du temple, Yolande combat son malaise en prenant une aspirine et un *cool drink* et nous nous engageons dans une ruelle qui mène à l'historique village brahmane que nous recherchons, Walkeswar. La voie étroite s'engage entre deux murets. En quête de renseignements, nous nous adressons à deux femmes accompagnées d'un jeune garçon qui suivent la même route. Elles habitent à côté et nous invitent chez elles avec insistance. Accueil chaleureux, presque amical. Une jolie petite maison très propre. Les ustensiles en acier inoxydable de la cuisine soulignent l'aisance de la famille. On nous offre un thé et on nous présente la famille. La mère Rekha, que nous avons rencontrée sur la route avec sa belle-sœur Jigisha, le grand-père et la grand-mère qui se montrent ravis de nous rencontrer (ils ont à peu près notre âge) et le plus jeune fils. Quelques enfants qui sortent de l'école viennent se joindre au garçon et nous posent quelques questions. C'est une vraie fête de famille. Rekha nous raconte que son travail consiste à dessiner des *mehendis* (sorte de dentelle dessinée dans la main gauche et sous les pieds à l'aide d'une pâte à base de henné qui, en séchant, laisse l'empreinte rouge du dessin) à l'occasion des mariages et autres événements importants. Elle offre à Yolande de lui en dessiner un dans la main. Vingt minutes plus tard, la main de Yolande a pris l'apparence d'une véritable fleur; mais il faut laisser sécher pendant trois ou quatre heures, après quoi le dessin se conservera pendant une quinzaine.

Le mari de Rekha arrive à son tour, tout aussi chaleureux et s'exprimant très bien en anglais. Nous regardons, selon la coutume, les photos du mariage de Jigisha et nous nous échangeons des promesses de nous écrire et d'expédier les photos que nous avons prises. Rekha nous invite avec nos enfants et Jigisha nous propose d'aller vivre chez son père à Ahmedabad où nous devons nous rendre. Les adieux durent jusqu'au bout de la rue. Nous sommes très émus par une telle cordialité.

Nous longeons ensuite le grand bassin sacré entouré de *ghats* et de quelques temples. Une simple niche dans un arbre ou dans un mur constitue un petit oratoire où les fidèles déposent des offrandes et marquent les idoles de cendres et de poudre de santal rouge. Tout ici est sacré, car c'est le lieu où le dieu Rama, selon la légende, s'est arrêté avant de se rendre à Ceylan pour y délivrer sa femme, Sita, prisonnière du démon Ravana. D'ici, on voit la mer et les rochers de la rive où les *dhobis* font sécher leur linge; de loin, on dirait des banderoles tibétaines.

Nous longeons la mer quelque temps. Un bidonville de misère sur cette côte splendide où nous sommes dépassés par quelques Mercedes qui nous rappellent qu'en Inde la plus abjecte pauvreté cohabite souvent avec la plus grande richesse.

Nous revenons à Churchgate en taxi, achetons des chemises au bazar installé dans la rue et rentrons à pied par notre route habituelle. Une jeune et jolie femme nous accompagne un instant dans la rue, échangeant avec Yolande des sourires et des gestes, toute fière de marcher en notre compagnie.

De retour à la pension, où nous rapportons deux bières froides que Pandou entrepose au frigo, Yolande se sent soudainement épuisée et fiévreuse. Elle se couche et nous annulons la sortie que nous avions prévue pour un spectacle de Bharata Natyam.

Ainsi se termine notre séjour à Bombay, cette ogresse ensorceleuse qui a hypnotisé des milliers de pauvres de toutes les parties de l'Inde pour les jeter dans la rue. Nous avons nous aussi succombé à son charme et regrettons de devoir la quitter si tôt.

En 1958, Bombay n'avait été pour nous qu'un lieu de passage sur la route des monuments historiques.

À peu près à la même époque, en effet, nous avions visité les célèbres grottes bouddhiques et les fresques hindoues d'Ajanta (VIe et VIIe siècles), à flanc de montagnes, avant de nous rendre par train à Aurangabad où nous devions subir notre première immersion complète dans la vie indienne. Un rickshaw nous ayant conduit à un hôtel *indian style* de son choix, nous nous retrouvâmes dans une chambre ne comportant pour tout ameublement qu'un lit sans matelas et un cintre à saris en métal. Yolande en avait les larmes aux yeux. Constatant que nous n'avions pas de *bedding* (gros sac de couchage que les Indiens transportaient toujours avec eux à l'époque), on nous loua un matelas, puis le garçon m'invita à prendre une douche, m'indiquant un petit cabanon où il m'arrosa lui-même de quelques seaux d'eau froide. Rien pour Yolande, malheureusement. Un succulent repas *gujarati* vint fort à propos nous réconcilier avec tout le reste. De là, nous visitâmes les grottes d'Ellora au sein desquelles figure le temple shivaïte Kailasa, colossale structure de pierre chargée de sculptures, jaillissant du roc où elle est découpée, comme projetée par sa propre dynamique. Il a fallu, pour réaliser cette gigantesque structure monolithique d'une hauteur de 30 mètres, retirer 200 000 tonnes de granit de la colline.

Après quelques jours à Bombay, où nous avions logé à l'Armée du Salut, nous avions repris la route vers les grottes de Karli dont la grande *chaitya* constitue le plus grand temple rupestre de l'Inde. Le beau couple des figures géantes qui encadrent l'entrée y sont particulièrement remarquables.

Aujourd'hui, notre départ de Bombay marque également la fin de notre long périple de 10 semaines de déplacements autonomes à travers l'Inde, sac au dos, dans des conditions parfois difficiles. Nous nous engageons maintenant sur la voie plus facile, toute tracée d'avance, d'un circuit touristique.

15 novembre

Yolande s'est complètement remise de sa fièvre; c'est presque un miracle. Nous prenons le taxi à 5 h 30 pour l'aéroport. Devant l'hôtel, sont étendus une dizaine de corps rigides sous des couvertures, comme des gisants.

Le taxi file à toute vitesse sur une route presque désertique. Nous arrivons une bonne heure et demie en avance. Depuis hier, nous avons tous les deux la diarrhée. Nous nous payons un vrai thé noir au luxueux restaurant de l'aéroport et apprenons qu'un incendie a réduit en cendres, hier, 5 000 huttes dans le quartier de l'Arthur Road Jail et la Mahalakshmi Station, à Bombay.

XIV

Les mosquées d'Ahmedabad

Le vol d'une heure vers Ahmedabad est sans histoires. Des terres arides succèdent aux collines, avant l'apparition d'un vaste plateau quadrillé de terrains relativement petits entourant des agglomérations de maisons blanches. Et finalement, c'est la banlieue et la ville d'Ahmedabad, comme une grande tache blanche.

À l'aéroport, nous n'apercevons pas la personne qui devait venir à notre rencontre jusqu'à ce qu'un garçon vienne nous indiquer qu'un homme nous faisait signe dans la foule. C'est notre guide Hemant Pradhan, un homme très sympathique et doué d'un sens de l'humour réconfortant, qui nous conduit à l'hôtel Ashok Karnavali, affichant quelques étoiles de plus que les hôtels auxquels nous étions habitués. Luxe et confort, avec le défilé des garçons qui voient à toutes nos commodités.

Après une bonne douche, nous retrouvons Hemant pour faire le tour de quelques mosquées historiques dans le vieux quartier de la ville. Auto climatisée et chauffeur, ça nous change un peu.

Nous visitons successivement la Siddhi Sayyad aux ouvertures ciselées comme de merveilleuses dentelles de pierre, la Ahmed-Shah, la première mosquée d'Ahmedabad (1414) ayant intégré des piliers en provenance d'un temple hindou et, finalement, la Jama Masjid (1423), la plus grande mosquée indienne, dit-on, dotée d'une forêt de 260 colonnes supportant ses 15 coupoles. Sa grande cour intérieure, entourée de pavillons, peut contenir jusqu'à 85 000 personnes.

Initiation aux parfums indiens

Dans les rues de la vieille ville, les maisons ont conservé les beaux ornements et supports de bois sculptés qui ont parfois servi de modèles aux sculpteurs de pierre. Quelques bœufs dans les rues déjà encombrées rendent difficile le passage de la voiture. Nous passons devant la forteresse aux tours imposantes, rondes et massives, puis sous le triple portique de la vieille ville, avant de nous arrêter dans une parfumerie. Séance d'odeurs dans une ambiance amicale. *Mogra,* lotus, *champa,* etc., tous les parfums indiens d'essences naturelles défilent sous notre nez pendant que nous conversons avec le patron et un ami de Hemant. Yolande a les bras couverts de fragrances... Elle achète quatre essences et sort de la boutique, un tempon de ouate imbibé de jasmin introduit dans le pavillon de l'oreille. Hemant nous invite ensuite à manger dans un restaurant *gujarati* réputé, le Gopi.

Courte sieste à l'hôtel et conversation dans le hall avec l'administrateur de l'hôtel qui a fait un long séjour au Cameroun et qui parle couramment le français. Il est très curieux des choses de son pays et nous renseigne sur quelques points, notamment sur la croissance de la population musulmane qui, contrairement aux Hindous, n'accepte pas, par principe religieux, la planification familiale. Puis nous retrouvons Hemant accompagné de sa jeune et jolie femme qui est enceinte. Nous allons en leur compagnie visiter un musée de cerfs-volants rempli de créations originales très colorées. Hemant nous raconte que chaque année, le 14 janvier, se tient le festival des cerfs-volants au cours duquel toute la population passe la journée sur les toits à faire voler des cerfs-volants. C'est la Sankranti qui, nous dit-il, se célèbre dans toutes les villes et villages de l'Inde. À ajouter aux fêtes de la Dusserah et de la Diwali.

Puis nous nous rendons au mausolée de Sarkhej situé aux limites de la ville, traversant des terrains vagues où campent des tribus nomades sous des tentes d'occasion.

Le Rauza Sarkhej est le tombeau d'Ahmed Ganj Baksh, un réformateur musulman mort en 1445. D'autres tombeaux sont venus s'y ajouter par la suite, sur le bord d'un immense étang bordé de *ghats*. Adjacente au tombeau, une mosquée d'une importante austérité dresse ses longues colonnes sans la moindre fioriture. Les cours internes sont pleines de gens venus passer leur dimanche ici. Ils flânent dans la douce lumière de cette fin de journée.

Nous terminons cette agréable excursion par la visite d'un marché où sont exposés des tissus artisanaux de Gujarat, sortes de patchwork aux couleurs vives, avec de petits miroirs décoratifs. Des pizzerias rudimentaires tentent d'attirer les nombreux pique-niqueurs du dimanche.

Ahmedabad est une grande ville prospère qui compte 2 500 000 habitants. Ses industries textiles lui ont valu le nom de Manchester de l'Inde. Plusieurs des bâtiments de la ville ont été dessinés par Le

Corbusier, l'inspirateur de Chandigarh située au Punjab. On y trouve aussi un audacieux restaurant pivotant coiffant une colonne de ciment; malheureusement les heures d'ouverture ne concordent pas à notre horaire.

Nous dînons au restaurant de l'hôtel envahi par un groupe de Français. Soupe aux asperges et poulet grillé avec pain *nan*. Pendant le repas, un chanteur exécute quelques complaintes d'inspiration musulmane.

16 novembre

La boule rouge du soleil se lève au-dessus du fleuve presque asséché qui sépare la ville en deux, le Sabarmati. La sécheresse sévit ici comme dans le Sud, les moussons des trois dernières années ayant été insuffisantes.

Nous prenons le petit déjeuner dans notre chambre dont nous apprécions le confort occidental. Par la fenêtre, nous observons les habitants de trois petites bicoques de planches rassemblées sur la rive du fleuve qui se préparent à manger. Ce sont les mêmes qui, hier démolissaient à la main une vieille maison de brique. Vie primitive à l'ombre de grands édifices d'une dizaine d'étages comme il en existe partout en ville.

Le fait d'être pris en charge par un guide et d'être transportés partout nous donne l'impression que nous ne touchons plus le concret de la vie, que la visite est plus abstraite. Par exemple, après une journée, nous n'avons pu encore nous faire une idée précise d'Ahmedabad, alors que dans le même temps nous nous étions familiarisés avec Bombay.

Un palais climatisé au XVe siècle

Le chauffeur du Tourist Office vient de nouveau nous prendre. Dans la rue, en pleine circulation, nous dépassons plusieurs chameaux tirant leur charrette avec un flegme qu'autorise leur haute tête dépassant la cohue. Nous visitons d'abord le puits souterrain d'Adalaj Vav, «maison d'été» de sept étages sous terre, que l'on atteint par des escaliers et des couloirs sculptés. Les pièces s'ordonnent en spirale autour d'un puits central, de façon à maintenir une température fraîche au cœur des pires chaleurs de l'été. Construit en 1499 par la reine hindoue Rudabal, l'ensemble architectural est en parfait état de conservation, mais demeure invisible de l'extérieur. La surprise, c'est d'en sortir par le toit et de se trouver à l'extérieur au niveau du jardin.

Sur la route presque désertique qui nous mène à Gândhinagar, nous dépassons plusieurs chameaux attelés à des charrettes; ils remplacent ici les bœufs et annoncent la proximité du désert. La capitale du Gujarat, encore en construction, ne comprend pour le moment qu'un complexe gouvernemental calqué sur Chandigarh. On y accède par une large route fleurie où s'échelonnent des quartiers bien délimités et bien aérés. Un rêve d'urbaniste où ne logent, semble-t-il, que des fonctionnaires. Dans un grand parc public, des jeunes filles s'amusent à sauter à la corde, à dévaler une colline en se tenant par la main, dans un esprit «jeune fille» qui a disparu chez-nous.

Au retour à Ahmedabad, nous sommes frappés, par contraste, par les îlots de cambuses et de tentes qui entourent la ville et où vivent dans la malpropreté toute une population de harijans ou de réfugiés. Le Moyen Âge n'est jamais loin; il suffit d'un terrain vague ou d'un lit de rivière desséché pour que les démunis y dressent leurs pauvres huttes ou leurs tentes délabrées.

Deuxième visite à la petite mosquée Rani Sipri (1514), qualifiée à juste titre de véritable joyau. Finesse extrême des sculptures de pierre et des deux élégants minarets parfaitement conservés. La mosquée, comme la plupart des monuments d'Ahmedabad, est à ce point encerclée par la ville qu'elle y perd toute perspective.

Du haut d'un pont enjambant la Sabarmati (il y en a sept), nous apercevons les grandes tentes rondes d'un cirque installées dans le lit même du fleuve, pendant que notre auto est ralentie par un homme à pied tirant une charge et bloquant la circulation.

Bon buffet à l'hôtel, varié et savoureux. Après une petite sieste (ici, c'est la grande vie et des périodes de repos sont prévues chaque jour), nous nous rendons au musée Calico du textile. Pour nous y rendre, nous traversons un autre pont et nous nous retrouvons une fois de plus en plein *slum,* accumulation désordonnée de cabanes recouvertes de tôle en contrebas de la route. Une antenne de télévision domine fièrement ce havre de misère.

Le musée Calico est situé dans une très vieille maison de bois sculptée rappelant les maisons népalaises et appartenant à un savant Indien célèbre, au centre d'un magnifique jardin fréquenté par des perroquets. Il contient de somptueux saris du Sud, des châles du Cachemire des XVIIe et XVIIIe siècles, mais surtout de superbes tentes de chasse datant de l'époque des sultans, sorties tout droit des *Mille et une nuits*. Une guide pleine d'humour nous fait la présentation des pièces en y ajoutant un petit discours moralisateur sur la richesse et la pauvreté.

L'ashram de Gandhi

Nous terminons la journée par la visite de l'ashram de Gandhi (Sabarmati Ashram) et du musée qui retrace l'histoire de sa vie. Dans la petite maison qu'il habita sont exposés les quelques objets lui ayant appartenu. Devant la maison, dominant le fleuve, son lieu de prière. Qu'il est impressionnant de voir ce petit coin de pays d'où sont partis, en 1930, Gandhi et ses 70 compagnons résolus, envers et contre tout, à libérer leur pays, en pensant à l'influence que devait avoir par la suite ce petit homme frêle et têtu sur le destin de l'Inde et même de l'empire britannique.

Avant de rentrer à l'hôtel, nous faisons une petite promenade dans le quartier où le flot continu des autos, des scooters et des bicyclettes, la poussière et la pollution nous rappellent les rues de Canton et de Pékin. Redevenus piétons, nous sentons les regards curieux des passants, les détours qu'on fait parfois pour nous voir de face.

Pas de bière froide en fin de journée, car la prohibition ici est vraiment respectée.

Après le dîner à l'hôtel, au son d'une musique disco, nous tentons de regarder la télé, mais il n'y a qu'une chaîne et l'image saute constamment. Nous ne pouvons prendre les nouvelles en anglais.

17 novembre

Dernier jour à Ahmedabad. Des Indiens bien mis sortent de l'immeuble d'en face pour aller travailler alors qu'un peu plus loin, le long d'un mur de pierre, d'autres s'affairent à se laver et à préparer leur repas en plein air, par terre devant leurs pauvres cabanes faites de planches rassemblées: quatre femmes, sept enfants dont trois bébés, cinq hommes et garçons. Le travail de démolition, entrepris il y a deux jours, progresse lentement.

Après un petit déjeuner dans la chambre où nous ne parvenons pas à obtenir une tasse oubliée, nous nous rendons, toujours sous l'égide de notre fidèle chauffeur qui parle à peine anglais, au temple Swami Narayan. L'immense cour intérieure permet l'accès en auto. C'est un temple populaire très coloré; de géantes sculptures d'éléphants flanquent l'entrée. Une foule matinale défile devant le sanctuaire par groupes séparés d'hommes et de femmes. Yolande passe d'abord avec les femmes, puis c'est au tour des hommes de recevoir le darshan de Krishna, le dieu noir qui figure sous diverses formes et accompagné de la déesse Lakshmi, sur trois autels.

Un immense *dharamshala* (maison de pèlerins) en bois entouré de balcons à supports sculptés délimite la cour. Dans l'une des salles-galeries se déroule un *kirtan*: hommes et femmes assis en rond psalmodient des chants religieux.

On m'invite à rencontrer le gourou de cet important centre de pèlerinage, l'Acharya Tejendreprasad, un homme dans la trentaine vêtu de blanc à la Nehru, portant bague et montre en or et diamant à l'oreille. Il m'interroge sur le Canada (il est lui-même venu à Toronto), me demande si je trouve que l'Inde a changé depuis 30 ans et si je crois qu'il est désirable que l'Inde change. Je réponds qu'elle peut rester elle-même tout en se modernisant. Pendant ce temps, dans la cour, Yolande distribue aux quatre magnifiques vaches appartenant au temple, de la nourriture qu'elle a achetée à cette fin. Un geste qui attire l'attention des Indiens.

Dévotions dans un temple jaïn

Nous poursuivons vers le temple jaïn Hathisink, dédié à Dharmanath, le quinzième *tirthankara*. Il en existe 52 qui figurent dans les galeries extérieures, tous identiques, identifiés seulement par le nom inscrit au-dessus de leur tête. Le temple, dont l'intérieur est en marbre précieux, reproduit le style et la profusion sculpturale de

Mont-Abu. Dans le sanctuaire principal, un groupe de jeunes filles chantent en balançant devant elles un encensoir. Ailleurs, des femmes disposent par terre ou sur une petite table des grains de riz en forme de croix gammée; d'autres récitent le chapelet jaïn. Un officiant, le nez et la bouche couverts d'un voile blanc, asperge d'eau lustrale plusieurs points du corps des *tirthankaras*.

De là, nous nous rendons au musée tribal, malheureusement fermé; mais on ouvre pour nous un musée d'art populaire voisin, le Shreyas Folk Art, qui présente une collection d'objets anciens, coffres, selles, jouets, charrettes, etc., et surtout de magnifiques tissus qui évoquent le monde fascinant du désert.

Une garderie occupe le même édifice. C'est l'heure du lunch et nous nous amusons à regarder tous ces petits bouts d'choux assis par terre devant une longue table basse, leur *thali* devant eux. Yolande les photographie et nous observons une mère qui, de l'extérieur, regarde son enfant sans qu'il puisse la voir.

Délicieux buffet à l'hôtel: mouton, fromage en sauce aux épinards, etc., et Saint-Honoré pour le dessert!

L'après-midi, avant de faire nos adieux à M. Pradhan, nous allons visiter un second musée ethnographique consacré aux 14 tribus importantes qui constituent 14 pour cent de la population du Gujarat. Le groupe le plus intéressant des objets exposés réunit des poteries qu'on offre à la mémoire des ancêtres et qui nous rappellent les sculptures obsédantes de la Québécoise Hélène Dufresne. Sont aussi exposées les grandes urnes d'argile et de paille qui servent à conserver les aliments au frais.

Nous passons ensuite par le bureau du Tourist Office et filons à l'aéroport d'Ahmedabad qui nous semble petit et miteux pour une ville d'une telle importance.

Nous prenons l'avion (un 737 d'Indian Airlines) qui, tel un crapaud, fait trois sauts d'une demi-heure à Jodhpur, à Jaipur et à Delhi. Nous y expérimentons pour la première fois le *free seating*: chacun choisit la place qu'il veut. Un Indien occupe deux sièges, un pour lui et un autre pour sa valise. Un jeune passager timide tente d'occuper ce siège en faisant des acrobaties. Yolande lui demande en blague s'il a payé un demi-billet. Des voisins rigolent et prétendent qu'il n'a rien payé du tout, tandis que le double occupant demeure imperturbable. Dans les avions, les passagers indiens sont plutôt corpulents et en majorité vêtus à l'occidentale. Ils parlent fort et sont particulièrement envahissants.

La vie d'hôtel

Beaucoup d'étrangers montent à Jodhpur et descendent à Jaipur et il ne reste presque uniquement que des Indiens quand nous arrivons à Delhi, vers 22 h. Un préposé du Tourist Office nous attend, brandissant un carton portant notre nom. Il nous guide vers l'auto officielle (une Ambassador non climatisée) qui nous conduit à notre hôtel, le luxueux Kanishka où nous n'aurons à payer que le surplus pour la présence d'une deuxième personne, Yolande. Le chic de l'hôtel est tout nouveau pour nous. Nous sommes un peu dépaysés, ne sachant trop où aller manger quelque chose à cette heure tardive. Nous commandons un lait chaud qui nous coûte un fabuleux 46 roupies! Bonne nuit dans des lits confortables; nous regrettons seulement de n'avoir pas reçu de message du Tourist Office.

18 novembre

Nous nous réveillons à 7 h 30; le soleil est déjà levé et la vue de notre chambre, au 11e étage, est superbe. Nous dominons un paysage de majestueux *nims* (arbres indiens qui font penser à nos érables) dont le brouillard dessine les contours. De l'autre côté de la rue, un édifice de verre résolument moderne, c'est l'Hôtel Méridien dont l'intérieur n'est pas encore aménagé. Sommes-nous vraiment en Inde? Plusieurs larges avenues tranquilles bordées d'arbres rayonnent d'un rond-point que nous apercevons.

Nous allons déjeuner au *coffee shop* de l'hôtel, le Palm Court, avec vue sur le jardin et la piscine. Moins cher que le lait chaud! De retour à notre chambre, le téléphone sonne. C'est M. Datta, le directeur du Tourist Office qui nous donne rendez-vous dans le hall dans 10 minutes. Voilà notre sort fixé. M. Datta est un homme vif et d'une grande gentillesse. Il a les cheveux blancs et une tache de naissance au visage. Nous allons avec lui régler les réservations pour le Palace-on-Wheels: les billets seront livrés à notre chambre et nous retrouverons M. Datta à son bureau. Il nous offre un livre de récits de voyages en français qui se trouvait sur sa table et nous présente son assistant, Doria, qui nous servira de guide pour visiter la ville. L'Ambassador avec chauffeur est à notre disposition.

Nous irons d'abord au célèbre Qutub Minar que nous n'avions vu que de loin lors de notre premier voyage. Le minaret haut de 73 mètres et les ruines de l'immense mosquée qui l'entourent sont de véritables merveilles et constituaient au XIIe siècle une innovation extraordinaire tant par leur architecture que par la liberté du traitement des motifs décoratifs et de leurs arrangements. Après avoir flâné un peu dans ce site chargé d'histoire, nous nous rendons à la Jama Masjid, la grande mosquée située dans le Vieux Delhi. Nous escaladons les marches de la mosquée dans une atmosphère de bazar. Quelle différence entre New Delhi, élégante et aérée, et ce Vieux-Delhi, fourmillant et chaud comme une étuve. Nous nous butons à des portes fermées et devrons revenir un autre jour.

Nous cherchons en vain une banque ouverte et devons nous replier sur l'American Express. Retour à l'hôtel en auto-rickshaw pour y préparer nos bagages, en déposer la moitié à la consigne et rejoindre MM. Data et Doria qui nous accompagnent à la station Delhi Cantonment, point de départ du Palace-on-Wheels.

Le chauffeur fait un virage complet en pleine circulation et frappe un motocycliste qui circulait en sens inverse. Consternation générale. Heureusement, le cycliste n'est pas blessé, mais il veut aller porter plainte à la police. Longs palabres. Le chauffeur ne veut pas admettre qu'il a tort et engueule le motocycliste. M. Datta intervient, essaie d'arranger les choses et remet sa carte au plaignant en lui disant de passer le voir à son bureau. Nous reprenons finalement notre route dans une circulation folle. M. Datta réprimande calmement le chauffeur qui a failli brûler un feu rouge, comme s'il parlait à un enfant, puis s'assure qu'il connaît bien la route à suivre, avant de se faire déposer chez lui. Nous poursuivons vers la gare, manquons l'entrée et devons revenir sur nos pas, avant de tomber en panne sur une voie ferrée, à quelques mètres du Delhi Cantonment. Nous avons toutes les misères du monde à convaincre Doria de nous laisser nous y rendre à pied avec nos bagages.

XV

Le train des Maharajas au Rajasthan

Nous sommes reçus comme de la grande visite. On nous passe au cou un collier d'œillets d'Inde et nous serrons la main de tous les représentants du tourisme. Quelqu'un dit que nous méritons d'être traités royalement parce que nous avons voyagé aussi loin que le Ladakh. Nous aurons, en effet, le wagon luxueux du maharaja de Bikaner, construit en 1898 par Ganga Singh, avec salle de bains privée. Les garçons qui nous y conduisent nous répètent que nous sommes privilégiés d'avoir obtenu ce wagon.

Le Palace-on-Wheels est un authentique train d'époque dont chaque wagon porte les armes du maharaja qui l'a fait construire. Et le train, qui comporte 13 wagons de voyageurs, deux wagons-restaurants et un wagon-bar-bibliothèque, est tiré par une splendide locomotive à vapeur de l'époque, toute lustrée et pimpante, qui salue notre arrivée par une bouffée de fumée blanche.

L'intérieur de notre wagon est fini en bois de teck verni. Les lits sont également en teck sculpté et la salle de bains offre tout le confort que l'on peut souhaiter dans un train. Un salon cossu réunit les deux unités du wagon. Je suis ici l'invité du gouvernement indien et nous serons servis comme des maharajas: c'est la règle à bord du Palace-on-Wheels. Nous apprenons que nous sommes une cinquantaine de passagers: 18 Autrichiens et Allemands, une vingtaine d'Américains, 3 couples de Hong-Kong, des Philippines et d'Afrique du Sud, 4 Français et une lady britannique.

Notre majordome, Sunil, qui porte l'uniforme d'époque, longue veste brune et turban rouge, nous reçoit le plus jovialement du monde et nous initie à la vie à bord du train.

Vers 20 h, nous nous rendons au wagon-restaurant (les wagons ne communiquent que par l'extérieur) pour un excellent dîner d'inspiration indienne, mais modifié pour s'accorder aux palais des étrangers. Nous conversons avec une dame anglaise qui occupe le même wagon que nous. Sur le quai, à la sortie du wagon-restaurant, nous rencontrons deux couples âgés de Français particulièrement joyeux et engageants; ils seront nos amis pour le reste du voyage. Puis nous nous retirons dans nos appartements au son d'une musique indienne classique diffusée par l'intercom. L'atmosphère est on ne peut plus romantique.

19 novembre

Bed tea à 7 h et petit déjeuner dans le salon commun à 7 h 30. Le train a roulé toute la nuit. Le paysage qui défile n'est pas encore désertique, mais desséché. Quelques hommes en *dhoti* blanc sont déjà dans les champs. Des bœufs tirent la charrue. Deux femmes au voile de coton rouge vif vont à leurs affaires. Nous arrivons bientôt à Jaipur.

Descente du train saluée part deux éléphants décorés, au son d'une musique folklorique jouée par trois musiciens (shenaï et tambour), tandis qu'on nous passe encore un collier d'œillets d'Inde.

Les trésors de Jaipur

Nous traversons la «ville rose» en autocar pour aller visiter l'impressionnant Jantar Mantar, un observatoire construit au XVIIe siècle par Jai Singh, un mordu d'astronomie. L'ensemble des cadrans solaires offre l'aspect d'une immense sculpture futuriste, avec ses escaliers dans le vide et ses formes demi-sphériques. Chaque signe du zodiaque y a même sa propre échelle solaire.

Nous visitons non loin de là le palais du maharaja Sawai Singh, aux petits dômes roses à triple saut qui caractérisent l'architecture de Jaipur. Grande cour avec pavillon d'audience, musée des habits royaux, d'armures, de tapis et surtout de peintures et de miniatures qui constituent une rare et très importante collection.

Station obligatoire aux marchés de poterie et aux magasins d'artisanat s'alignant le long des rues de la ville. On y trouve de fort jolies choses, reproductions de miniatures sur soie, travaux de bois ou de papier mâché, colliers, bracelets et bijoux de toutes sortes, mais surtout, au magasin de l'Association des exportateurs de pierres précieuses, des pierres de bonne qualité. Yolande y achète une bague et des boucles d'oreilles ornées de saphirs et un large bracelet d'argent. Le guide a de la difficulté à tirer les touristes de l'emporium d'artisanat d'où nous allons revoir la célèbre façade du Palais des vents, le Hawa Mahal, véritable symphonie ocre de fenêtres de dentelles déployées sur cinq étages d'où les femmes du harem pouvaient observer la vie de la rue sans être vues. C'est aujourd'hui une simple mais comment splendide façade illusoire, ne recouvrant rien.

Dans l'autocar, nous sommes avec le groupe des Allemands et des Autrichiens et nous devons subir la traduction en allemand des commentaires d'abord faits en anglais. Nous demanderons qu'on nous change de groupe; mais nous devrons auparavant prendre avec nous les quatre Français qui ne comprennent pas un mot d'anglais. Nous les rencontrons justement au Rambagh Palace Hotel où nous allons pour le lunch. Ils sont installés au bar, parce qu'il n'ont pas compris qu'il fallait se rendre à la salle à manger. Ils nous suivront désormais.

Après un somptueux repas, premier d'une série que nous prendrons au cours de cette semaine dans les plus prestigieux hôtels du Rajasthan, l'autocar nous conduit, à 18 kilomètres de Jaipur, au Fort Amber, niché au sein de la chaîne de montagnes de grès des Arawalli, sous la protection d'une forteresse accrochée au haut des pics et commandant une longue muraille sinueuse épousant la ligne des montagnes, comme la muraille de Chine. Nous montons à dos d'éléphants au palais situé à l'intérieur du fort. Construit un siècle avant le palais de Jaipur, il contient un large étang autour duquel sont disposées plusieurs salles royales ornées de fresques et d'extraordinaires corniches en «nids d'abeilles» héritées de l'art perse, relevées d'incrustations de pierres précieuses et de miroirs.

On nous introduit dans un petit salon où le jeu de deux chandelles dans l'obscurité produit dans la voûte un jaillissement d'étoiles. Le temple du palais, tout en marbre, dédié à Kâli, abrite une statue de la déesse rapportée du Bengale par Man Singh I. On y immolait autrefois des victimes humaines.

La vue de la cour du palais donne, en bas, sur un jardin suspendu au-dessus d'un lac artificiel, en haut, sur le long ruban de la muraille marquée de fortins. C'est cette direction que nous prenons à la sortie du palais, poursuivant l'ascension de la montagne, dominant le cirque des montagnes de grès qui entourent Jaipur. Au sommet, nous devons changer d'autobus pour franchir les portes étroites du fort Nahargath. Nous y prenons le thé dans la grande cour intérieure qui ouvre directement sur le ciel.

Une fête sous les étoiles

À la tombée de la nuit, nous assistons à un spectacle folklorique donné par une troupe d'une dizaine de danseurs, danseuses et musiciens. Spectacle au rythme très rapide, interrompu par quelques pannes d'électricité auxquelles on remédia par des éclairages auxiliaires pittoresques: chandelles, torches et feux de camp. L'effet de cette fête de nuit sous le ciel étoilé est vraiment féerique. Le buffet est servi dans le même décor et nous revenons à notre train dans l'obscurité.

Journée chargée et fatigante où nous ressentons pour la première fois la désagréable impression de la distanciation touristique, habitués que nous étions d'être toujours mêlés aux Indiens.

Deuxième nuit de sommeil bercé par le train.

20 novembre

Lever tôt et départ en excursion aussitôt après le *bed tea*. Deux chevaux décorés à l'ancienne encadrent la sortie de la gare. Il fait frisquet. L'autocar traverse un paysage désertique avant d'atteindre le fort Chittorgarh, ville-forteresse du XVe siècle assise sur le roc et entourée de plusieurs cercles de murailles. À l'intérieur, sur un plateau dominant la vallée, des palais et des donjons en ruine et une altière «tour de la Victoire» de neuf étages, entièrement sculptée de figures représentant les divinités hindoues. Plusieurs temples ont également subsisté à l'intérieur du fort qui logeait à l'époque quelques 70 000 personnes. Ce fut un des hauts lieux de la chevalerie *râjput*.

Les lieux sont envahis ce matin par un grand nombre de visiteurs du Rajasthan. Les hommes, minces et élancés, portent un turban et un *dhoti* blancs; les femmes, de longues jupes rouges fleuries flottant sur plusieurs épaisseurs de jupons, la poitrine gainée d'un étroit corsage et la tête couverte d'un châle vaporeux, rouge, jaune ou orange qui retombe sur leurs épaules et dont elles nouent un coin en guise de baluchon. Lourds bracelets d'argent aux bras, aux poignets et aux chevilles, immenses boucles d'oreilles et bijoux d'or ou d'argent fixés au nez, elles sont d'une extraordinaire beauté et la feinte modestie qui leur fait tirer leur voile sur leur visage n'en fait que mieux ressortir la finesse des traits.

Nous visitons avec ces pittoresques touristes locaux le pavillon d'où les musulmans pouvaient observer, par le jeu d'un miroir, la belle maharani assise dans un petit palais situé au centre d'un lac. Nous suivons ensuite le groupe à un temple shivaïte où s'opéraient les crémations, puis nous nous rendons seuls à une terrasse où s'élèvent deux temples entièrement conservés qui ressemblent de très près aux temples de Bubaneshvar, en Orissa. Le plus grand, au *shikhara* élancé, le Khumbha-Shyanji (du nom de son constructeur), date de 1448 et est dédié à Vishnou sous la forme de Varaha (le sanglier). Les colonnes du *mandapa,* les murs, les corniches et les balcons sont recouverts de magnifiques sculptures. Plusieurs hindous montent au temple pour la *puja* matinale.

Dans l'autre temple, plus petit, un brahmane solitaire fait tinter de petites cymbales en tournant en rond à l'intérieur du sanctuaire. Il nous invite à y entrer.

Le toit de la salle de réunion en degrés pyramidaux est particulier à ces temples de Chittorgarh qui sont les plus anciens du Rajasthan. Un dernier coup d'œil, avant de redescendre, à cette vue panoramique stupéfiante de l'ensemble des ruines de forteresses et de temples où se déroulèrent les derniers combats héroïques et téméraires des *râjputs* contre l'envahisseur musulman plusieurs fois supérieur en nombre, la maharani et ses milliers de suivantes se précipitant dans un brasier tandis que les guerriers, revêtus de leurs habits de noce safran, se jetaient sur l'ennemi et se battaient jusqu'au dernier.

En route vers Chittor où est stationné notre train, nous croisons une parade de six dromadaires transportant des charges de foin et des groupes de femmes et d'hommes au port altier, propre à ces descendants des fiers *râjputs*.

Nous prenons le petit déjeuner à bord du train qui a échangé sa belle locomotive de musée pour une Diesel. Nous conversons avec Decia, notre compagne anglaise qui voyage seule. Puis nous profitons d'un arrêt du train pour rejoindre notre suite où Sunil nous attend et où nous retrouvons le calme de notre chambre baignée de musique indienne.

Les palais d'Udaipur

Prochain arrêt: Udaipur, la ville encerclée de montagnes où le prince Mewar Udai Singh s'était retiré après sa défaite aux mains d'Akbar en 1568. C'est une superbe ville blanche, remplie de verdure et entourée de lacs artificiels.

Nous nous rendons en barque au Lake Palace (le Jag Niwas), le blanc palais du Maharaja transformé en hôtel Taj depuis quelques années. C'est là que nous prenons un copieux repas (poisson, poulet, mouton, légumes épicés et pâtisseries) en compagnie de nos nouveaux amis français et de Decia qui sont passés avec nous de l'autocar des germanophones à celui des anglophones.

De la terrasse de l'hôtel, on voit les édifices resplendissants du palais d'Udaipur (City Palace) dont les hautes murailles blanches, avec balcons, frises et créneaux, rappellent les palais de la Renaissance italienne.

Nous le visiterons cet après-midi avec un guide qui parle français, chose relativement rare en Inde. La grande place du palais reflète le faste et la puissance du maharana (premier entre tous les maharajas) d'Udaipur qui sut résister pendant 300 ans aux Mogols et même aux Anglais, de façon à pouvoir être le premier royaume à se joindre à l'Union indienne en 1949. La dynastie d'Udaipur était sous le signe du soleil dont l'image apparaît à la façade du palais, ainsi qu'à l'intérieur, devant la salle où le maharana prenait seul ses repas. Les vastes écuries pour les chevaux et les 99 éléphants du maharana sont maintenant presque vides et seulement la moitié du palais est encore occupée par la famille princière.

Nous pénétrons d'abord dans le hall de réunion, sorte de cour ouverte sur laquelle s'ouvre un sanctuaire à Kâli en souvenir des *sadhous* qui habitaient jadis le sommet de cette colline, puis dans la salle des fresques, les appartements des femmes, la chambre des miroirs, la cour des trois paons symbolisant les saisons... La chambre où le dernier maharana en partie paralysé, passa les dernières années de sa vie, donne sur le jardin des princesses dominé par un petit balcon à la perse. Le toit du palais est occupé par une piscine de marbre, des balançoires et un très beau jardin où poussent quatre gros arbres dont les racines, dit-on, atteignent directement le sommet de la colline au sol demeuré intact. De l'un des pavillons, Udaipur apparaît dans toute sa splendeur, entourée des hautes montagnes qui l'ont préservée si longtemps de l'invasion.

Une violente dispute survient pendant la visite, notre guide indien ayant eu la malencontreuse idée de dire à un groupe de visiteurs indiens de dégager pour faire de la place aux touristes. Les voix montent et atteignent une violence surprenante. «Vous êtes mal éduqué», entend-on quelqu'un du groupe crier en insulte à notre guide.

En descendant de la colline, nous nous rendons d'abord au «jardin de la fontaine» construit pour une princesse qui voulait jouir d'une pluie sans nuages; malheureusement le niveau du lac qui active la fontaine est trop bas, mais le site verdoyant et fleuri aux splendides bougainvilliers évoque l'image que nous nous étions plutôt faite de Srinagar.

Nous prenons le thé au théâtre Lok Kala Mondal, sur une terrasse extérieure qui domine la ville. Des nuées de perroquets verts passent par vagues dans le ciel, au-dessus de nos têtes. Nous assistons ensuite à un spectacle de marionnettes plein d'ingéniosité et d'humour.

Le dîner sera servi dans le train ce soir, après une bière dans un wagon-bar désert... présage du voyage de demain?

Cette nuit, le train reste stationnaire et nous pourrons profiter d'un meilleur sommeil.

21 novembre

Sunil nous réveille pour le *bed tea* et nous prenons le petit déjeuner au salon avec nos compagnons de compartiment: une vieille dame autrichienne que nous appelons «la duchesse», le guide du groupe allemand et notre lady Decia.

Départ pour la ville où nous visitons d'abord un atelier coopératif de peinture sur soie et sur ivoire. Les artisans y reproduisent avec beaucoup d'habilité des miniatures anciennes. Le magasin est un véritable bazar. D'un côté, des artisans assis par terre occupés à leur travail; de l'autre une accumulation de foulards, de pièces de tissu ou de carrés décoratifs.

Nous montons ensuite au luxueux hôtel du Jag Niwas Palace où quelques membres du groupe se baignent dans la piscine tandis que nous accompagnons un antiquaire de Nouvelle-Orléans chez un marchand d'antiquités. Nous y trouvons deux petites miniatures, de styles Mewar et Kangra. Notre taxi croise plusieurs dromadaires en traversant la ville et nous découvrons en plein air un surprenant marché de bois de chauffage et de fourrage.

Retour au Palace-on-Wheels pour le lunch. Assis sur le quai, une rangée d'hommes en turban et de femmes aux bras recouverts jusqu'aux épaules de larges bracelets en os ou en plastique...

La traversée du désert du Thar

Le train s'ébranle pour le long voyage de 22 heures vers Jaisalmer; notre petite visite matinale de la ville avait pour but de réduire la longueur du trajet de jour.

Le paysage que nous traversons est de plus en plus désertique et rocailleux. On ne voit plus que des moutons et des chèvres dans les champs, avec leurs gardiennes, hiératiques silhouettes rouges dressées sur ce sol aride où ne poussent que des acacias. Quelques petits villages-oasis entourés de clôtures de cactus. Dans une gare, quelques femmes aux voiles jaunes et verts métamorphosent le désert.

Notre compagne anglaise lit Patricia Wentwarth et le guide autrichien écrit ce qu'il appelle ses «aphorismes» ou notes de voyages. Yolande distribue à tous de la noix de bétel qui nous a été offerte ce matin par notre guide. On a l'impression d'être en dehors du monde, suspendus dans un état de rêve éveillé, alors que défile le long de la voie ferrée une procession colorée de «porteurs d'offrandes», hommes en *dhoti* et au large turban blanc, femmes altières aux vêtements éclatants, ce rouge du Rajasthan qui éclate jusqu'au milieu des tentes de misère qui jalonnent la voie ferrée.

Vers 17 h, les montagnes commencent à denteler l'horizon. Quelques champs hérissés de gros tamariniers et de meules de fourrage échappent encore au désert qui rétablit bientôt son empire.

Le soleil se couche sur un paysage qui évoque le sud du Texas, sol desséché couvert de rocaille, cactus en fleur et quelques touffes d'arbustes chétifs. Puis apparaissent un groupe d'hommes assis en rang à quelques mètres de nous ou un groupe de femmes et d'enfants regardant passer le train avec une infatigable curiosité.

Nous échangeons des réflexions sur le voyage avec le guide autrichien. La vieille dame qu'il accompagne a tout à fait l'air d'une noble autrichienne déchue et le vieil homme de leur groupe, qui marche péniblement avec sa canne, est le petit-fils d'un diplomate de l'Autriche impériale sous François-Joseph.

Savoureux dîner au wagon-restaurant et sommeil réparateur au rythme du roulis accéléré du train, après avoir mis tous nos bagages à l'abri de la poussière qui commence à nous envahir par toutes les issues des wagons.

22 novembre

Au réveil, le Palace-on-Wheels entre en gare à Pokaram, petit village et poste militaire de la région. Une couche de poussière recouvre les meubles et les lits. Passé cette oasis, c'est le désert du Thar à perte de vue, sous un soleil voilé. Un long chevauchement de faibles dunes où apparaissent parfois, au loin, la forme minuscule d'un chameau, des touffes d'herbe, quelques arbustes. Plus loin, les dunes s'affaissent et c'est une étendue plate et monotone d'un horizon à l'autre: l'impression d'être perdu dans l'immensité uniforme du désert. Puis, ce sont quelques bosquets et quatre dromadaires oisifs. Une longue dune blonde coupe le paysage comme une vague; d'autres vagues grisâtres lui succèdent. Aucune présence humaine.

Il fait plutôt froid ce matin dans le petit salon où nous prenons le petit déjeuner avec Decia et les deux Autrichiens.

Jaisalmer, la forteresse légendaire

Bientôt, la forteresse de Jaisalmer, se dresse devant nous avec ses nombreuses tours rondes et ses murs crénelés. Nous nous y rendons vers 10 h. Construite au XIIe siècle par Jaisal Sing, elle domine le paysage de sa masse ocre pâle, couleur de miel. Étape importante sur la route caravanière entre le Moyen-Orient et l'Asie, son commerce fut ruiné par l'ouverture du port de Bombay au début du siècle. Elle ne compte aujourd'hui que quelque 6 000 habitants et vit surtout des revenus touristiques.

On y accède par quatre portes de pierre monumentales, encadrées par des marchés de fruits et de légumes dont les vendeuses, accroupies par terre à l'indienne, ne se laissent pas facilement photographier. L'une d'elles, courroucée, lance une poignée d'échalotes en direction de Yolande qui ajustait son appareil. Nous montons lentement jusqu'au haut de la muraille en suivant des ruelles de pierre d'où l'on entrevoit l'intérieur de maisons assez spacieuses et d'une grande propreté. Des joueurs de *hattaravana* (la main du démon Ravana), instrument fait d'une courge ronde et de quelques cordes, nous suivent dans le but de nous vendre l'instrument. Une femme chante sur cette musique; une autre, véritable beauté accroupie devant sa maison, nous fait la faveur d'un sourire tout en poursuivant sa tâche.

Ayant de là-haut contemplé la ville dorée sous le soleil, aux quartiers découpés comme un labyrinthe, nous redescendons vers le palais. De chaque côté des rues, une multitude de marchands d'artisanat local: tissus aux coloris éclatants, patchwork, etc. Au cœur de la forteresse, un temple jaïn du XIVe siècle à l'enseigne de l'art de Mont-Abu en offre la même efflorescence sculpturale, exploitant assez curieusement des motifs hindous. Festons sculptés en demi-cintre au-dessus des portes, sculptures flottantes d'*apsaras* portées par le dieu Ganesh décorant l'intérieur du dôme, etc. Par ailleurs, des centaines de statues de *tirthankaras* occupent les niches disposées autour du temple. Chaque jour, elles sont nettoyées et ointes de point orange à plusieurs endroits du corps: un point entre les yeux, trois points sur la poitrine, les cuisses et les épaules, etc.

Le palais lui-même date du XVIe siècle. Ses balcons sculptés en dentelle donnent sur une cour centrale dominée par l'énorme trône du *maharana*. Un ancien bandit célèbre pour sa très longue moustache se tient sur les lieux, à la disposition des touristes. On peut toucher à la moustache phénoménale... et faire un don.

Nous retournons au train pour le lunch et nous nous reposons un peu avant de repartir pour la visite du marché de la ville et des *havelis,* belles maisons de pierre sculptées (du XIIe siècle), aux façades et balcons en saillie ajourés et dentelés avec un art d'une finesse incroyable. D'immenses édifices de plusieurs étages se succèdent ainsi le long d'étroites ruelles, découpant sur le ciel bleu leurs ciselures inimaginables. Seule la Renaissance, à ses plus beaux moments, a pu offrir de tels exemples d'élégance architecturale. Au-delà de la ville, c'est le désert, sans aucune végétation. Les vaches n'ayant à manger que les restes de cuisine encombrent les rues étroites et y laissent leurs bouses.

Les cénotaphes royaux à dos de chameau

Le guide nous achemine vers un marchand «autorisé» qui pratique des prix beaucoup plus élevés que ceux de la rue. Nous nous échappons avec un jeune guide par le dédale des rues pour retrouver les marchands de l'intérieur de la forteresse et y faisons quelques achats. Puis il faut entrer en jeep, juste à temps pour la promenade à dos de chameau. La levée et l'agenouillage du chameau en sont des moments épiques. Le cavalier accompagne le chameau et lui parle à l'occasion en faisant des bruits spéciaux avec sa bouche. Nous sommes installés sur des selles en cuir très confortables. La vue paraît différente à cette hauteur inhabituelle et nous croisons un nombre surprenant de gens chevauchant leur propre chameau, car c'est ici le moyen de transport le plus répandu. Notre caravane elle-même est impressionnante.

Nous traversons un village en plein désert et atteignons la colline des cénotaphes royaux. Le soleil couchant caresse les vastes étendues désertiques qui nous entourent, mais la magie du moment est gâtée par les marchands et les musiciens qui s'affairent autour; il y a même ce soir une équipe de télévision. Nous retournons au train en autobus; sauf lady Decia qui après la promenade en chameau n'a pas eu la force de gravir la colline. Elle reviendra plus tard avec l'équipe de tournage, peinée qu'on ne l'ait pas attendue.

Puis le Palace-on-Wheels repartira dans la nuit vers Jodhpur.

23 novembre

Nous nous réveillons un peu avant d'arriver à Jodhpur. Nous sortons du désert du Thar et les premiers jardins verts apparaissent.

Aussitôt après le petit déjeuner, nous prenons l'autocar pour le fort Meherangarh. Decia ne se sentant pas bien a préféré ne pas nous accompagner. La forteresse, édifiée au XVe siècle par le maharaja Jodha Jaswant Thadal, est perchée sur un éperon rocheux, à l'intérieur des murs de l'ancienne cité. Sept portes renforcées de pointes de fer contre les attaques des éléphants permettent l'accès à la forteresse. Au centre se dresse très haut le palais dont les ouvertures sont sculptées en fines dentelles comme les *havelis* de Jaisalmer.

Près de l'entrée, un mur porte les empreintes rouges des femmes qui se sont immolées sur le bûcher de leur royal époux (le rite du *sati*). Nous défilons dans les nombreuses salles du palais, la cour des femmes, la chambre à coucher de la maharani et celle, lourdement ornée, du maharaja, la salle des peintures et, finalement, la salle de danse au plafond recouvert d'or.

Au sommet de la palissade s'alignent une série de canons pointant vers l'ennemi d'antan. C'est un véritable musée illustrant les grandes dates de l'histoire de cette arme.

À 150 mètres plus bas s'étend la vieille ville marquée de plusieurs taches bleues; ce sont les maisons des brahmanes qui ont fait le pèlerinage aux lieux sacrés (le bleu étant la couleur de Krishna à qui la ville est dédiée).

À la sortie de la forteresse, nous faisons un court arrêt au cénotaphe de marbre du maharaja Jaswant Singh II entouré d'autres cénotaphes moins importants. Partout où nous allons, nous retrouvons un musicien jouant l'*hattaravana,* accompagné par une chanteuse. De très fiers mendiants!

Le lunch est servi au Bhawan Palace, lieu de résidence de la famille du maharaja partiellement converti en hôtel Taj. L'édifice, construit en 1929 par deux architectes anglais est d'un mauvais goût lourd et prétentieux, mais possède un splendide jardin qu'on arrose aujourd'hui généreusement, même si nous venons d'apprendre que l'eau ne sera dorénavant distribuée que tous les deux jours dans la ville, par suite de la grande sécheresse qui sévit au Rajasthan.

Succulent buffet, alliant comme d'habitude recettes occidentales et cuisine indienne. Deux musiciens, *sarangi* et *tabla*, agrémentent le repas. Certains de nos compagnons de voyage prétendent que cette musique est monotone, que c'est toujours la même chose. C'est d'ailleurs ce qu'ils disent également de la cuisine indienne qu'on nous sert. Pour nous, c'est une agréable cuisine de compromis, malgré tout très éloignée de la véritable cuisine indienne.

Des attroupements colorés

De retour au Palace-on-Wheels, après avoir discuté, dans l'autocar, des pourboires à distribuer, nous reprenons pour un certain temps la route du désert, mais moins dénudée que le désert du Thar. Puis nous traversons le domaine d'une usine de chaux précédée de monticules de pierres échelonnés le long de la voie ferrée. Des ouvriers en turban, mais surtout des femmes, jupe rouge, voile clair et lourds bijoux, se tiennent alignés le long de ces rangées de pierres pour regarder passer le train. Ces déesses déchues ont gardé le port gracieux et la fierté féline de leur noble origine.

Dès que le train s'arrête, jeunes femmes et enfants s'en approchent et restent ainsi immobiles devant la porte du wagon tandis que Yolande les photographie. D'autres femmes plus âgées s'approchent timidement. L'une recouverte d'un voile vert porte divers contenants de métal sur sa tête; une autre, portant un voile jaune et un bijou sur la lèvre supérieure, tient un enfant dans ses bras. Les enfants font des blagues et semblent s'amuser beaucoup, nous demandant, comme pour rire, des bonbons ou des cigarettes. Chaque arrêt du train provoque ainsi des attroupements de curieux.

Nous roulons ensuite jusqu'à l'heure du dîner. Je discute longuement de la culture indienne avec Decia qui nous demande de manger à sa table ce soir (nous avions pris l'habitude de manger avec nos amis français), parce qu'elle a été seule toute la journée. Après le repas, nous retournons à notre compartiment sous un ciel splendidement étoilé, mais nous sommes bientôt rejoints par un groupe de badauds. De toute façon, le train repart et nous devons y monter pour finir tranquillement la soirée dans notre luxueuse cabine.

Dernière nuit au rythme du balancement cahoteux de notre palais sur rails, des sifflements et des dépassements rapides.

24 novembre

À peine arrivés en gare à Bharatpur, vers 7 h, nous prenons le car pour la réserve d'oiseaux. La matinée est belle, juste un peu fraîche. Nous pénétrons dans le parc entre deux grands marais artificiels créés par les maharajas, grands amateurs de chasse aux canards. Nous apercevons justement de chaque côté de la route des centaines de canards, des aigrettes, des hérons, des grues blanches, grises et pourpres, deux flamants roses et des bancs de pélicans. Aussi, dans les arbres, quelques perroquets. Une vraie promenade d'enchantement. Un vendeur ambulant de colliers de pierres fines se fait d'abord rebuter, mais il finit par en vendre à tous à rabais.

Après cette longue marche, nous pique-niquons au bungalow du parc.

Sur la route du retour, nous visitons un petit village au milieu des champs de moutarde et de canne à sucre. Des huttes de chaume et des maisons de terre battue mêlée à de la paille, assez vastes et d'une surprenante propreté. Certaines sont agglomérées les unes contre les autres, avec un escalier extérieur donnant accès à l'étage ou à la terrasse. Les enfants du village nous suivent partout, amusés, mais sans quêter. On y ressent le calme et la simplicité de la vie du paysan indien. De la terrasse d'une maison, on domine une mer de champs dorés de moutarde.

Un vœu à Fathepur Sikri

De là, nous nous rendons au site célèbre de Fathepur Sikri, ensemble de monuments de grès rouge construit par Akbar en 1549. Notre guide est un homme assez âgé, spécialiste de l'histoire de cette époque. L'ensemble des édifices est toujours aussi impressionnant dans son audacieuse synthèse (sans lendemain) des arts hindou et musulman. À l'intérieur de l'enceinte, le mausolée de marbre de Kwaja Salim, un saint homme qui avait prédit à Akbar la naissance d'un fils, retient l'attention du visiteur. Le tombeau est recouvert de fleurs et des préposés distribuent des cordelettes que l'on doit attacher à l'une des fenêtres en faisant un vœu. Yolande fait le vœu de retrouver toute notre petite famille en bonne santé.

Nous sommes partout poursuivis par des vendeurs de bracelets, de colliers, de sacs à main brodés, d'éléphants de marbre ou de porte-clés à cadran solaire. Cela finit par être obsédant.

À Agra, nous allons dîner au très chic Sheraton où nous accueille l'éléphant de service. J'y rencontre un représentant du Tourist Office qui m'offre ses services et s'assure que tout va bien pour nous. Nous disons adieu à nos amis français qui nous quittent ici. Ils ont été pour nous d'une agréable et joyeuse compagnie.

Puis, c'est l'ultime visite de notre tournée d'une semaine, celle du Taj Mahal. Nous le retrouvons aussi splendidement majestueux qu'il y a 30 ans et nous sommes encore impressionnés par son équilibre parfait; mais nous sommes entourés, cette fois, de milliers de touristes indiens et étrangers. Nous n'étions que quatre personnes à l'époque à visiter respectueusement le tombeau de la jeune épouse de Shah Jahan. La solennité de la crypte prend aujourd'hui des allures de foire bruyante, des jeunes gens criant même pour entendre l'écho de leur voix.

Petit thé au restausrant Taj, en face du fort rouge d'Agra où vint mourir Shah Jahan, dépossédé par son fils.

Dans l'autocar qui nous ramène au train pour la dernière fois, Raj, notre guide, nous explique courageusement sa politique concernant les pourboires, ce qui correspond exactement à ce que nous avions pensé.

En attendant l'heure du repas du soir, nous discutons avec Decia qui nous confie enfin la nature de son travail: travailleuse sociale spécialisée en psychiatrie. Nous réglons aussi nos petites dépenses à bord. C'est déjà la fin du voyage.

Nous mangeons en compagnie du couple sud-africain dont le mari est un ancien militaire qui a vécu en Inde il y a 40 ans. Sa première impression, c'est que rien n'a changé. Nous parlons de l'hindouisme que j'essaie d'expliquer au meilleur de mes connaissances. La même question revient toujours: le scandale du système des castes. Il semble que ce soit la seule objection sérieuse que les étrangers aient à l'hindouisme. Pour nos compagnons, c'est la première fois qu'ils entendent parler de l'hindouisme de cette façon et ils regrettent que nous ne nous soyons pas rencontrés plus tôt.

25 novembre

Nous quittons ce matin le Palace-on-Wheels où nous avons parcouru 2 452 kilomètres en sept jours. Il y a comme un petit air de nostalgie chez les voyageurs, particulièrement chez notre lady anglaise.

Les pourboires distribués et les adieux faits, nous retrouvons Doria, le secrétaire de M. Datta, qui nous attend avec un nouveau chauffeur et une nouvelle auto. Le précédent chauffeur a été remercié. Nous obtenons une chambre au 12e étage du Kanishka, prenons un café et planifions notre séjour à Delhi.

XVI

Adieu, monsieur Datta

Doria revient nous chercher à 10 h pour aller confirmer les billets d'avion pour notre retour et rencontrer M. Datta toujours aussi affairé et toujours aussi prévenant.

Il nous fait d'abord signer un affidavit touchant l'accident de mercredi dernier, nous fixe quelques rendez-vous et demande à Doria de nous guider pour trouver les livres que je recherche sur les conditions sociales et économiques en Inde. C'est vite fait, car je trouve ce qu'il me faut à la première librairie.

Sieste à l'hôtel et nouveau départ, cette fois avec M. Datta qui a perdu son chauffeur et arrive à pied. Il compte les minutes de retard que nous aurons pour rencontrer Mme Chandni Luthra, vice-présidente de la chaîne des hôtels Ashok. Rencontre fort agréable et buffet succulent comme toujours dans ces grands hôtels. Mme Luthra est accompagnée de sa secrétaire, une charmante jeune femme du Kerala. Nos hôtesses sont fort impressionnées par le côté aventureux de notre périple indien.

Une légère brume flotte toujours au-dessus de ce qui de notre chambre apparaît comme une forêt de *nims,* ces gros arbres qui transforment ce quartier de New Delhi en un véritable jardin. La verdure donne un cachet particulier à cette immense ville aux larges avenues qui n'a rien, à première vue, de proprement asiatique, ou indien.

L'après-midi, M. Datta nous accompagne à la Maha Jasmid. Nous découvrons avec plaisir que c'est un homme passionné et follement amoureux du Vieux Delhi où il est né. Nous sommes à la plus grande mosquée de l'Inde (une autre!). Il faut pénétrer à l'intérieur de la cour pour en ressentir toute l'immensité. Elle fut construite par Shah Jahan, fondateur de Delhi et constructeur du Taj Mahal et du Red Fort.

Nous nous promenons ensuite sous les arcades du Red Fort remplies de boutiques. M. Datta s'amuse à participer à nos achats. Un marchand nous offre le café et M. Datta nous présente au directeur du service d'animation du Red Fort.

En attendant le spectacle son et lumière, nous allons flâner de l'autre côté de la rue, dans Chandni Chowk, le bazar du Vieux Delhi, le plus important au monde, dit M. Datta qui s'y sent comme un poisson dans l'eau et qui s'est soudainement débarrassé de sa fatigue de la journée. C'est sûrement l'un des marchés les plus colorés et les plus animés au monde, particulièrement en ce début de soirée. À proximité de deux temples, l'un jaïn, l'autre sikh, un immense marché de fleurs, où dominent les guirlandes blanches de mogra et d'œillets d'Inde, voisine avec des étalages de toutes sortes: sacs et valises, ustensiles en inox, encens et diverses choses d'usage courant; bijoux d'or aussi dont le marché est ici de première importance. Nous nous frayons un chemin à travers la foule, derrière M. Datta qui semble dans un état de grande exaltation.

«L'Inde, c'est cela!...»

Nous atteignons finalement le temple sikh Gurdwara Sis Ganj où se déroule la commémoration du martyre du gourou Tegh Bahadur, dixième de la lignée, qui organisa la résistance à Aurangzeb et eut la tête tranchée. Un spectaculaire défilé en son honneur a eu lieu aujourd'hui dans les rues de la ville, avec chameaux et chars allégoriques.

Pour pénétrer dans le temple, il faut d'abord se laver les mains, se déchausser et se couvrir la tête. M. Datta achète une portion de *prasad* (sucrerie qu'on offre au temple) enveloppée dans des feuilles séchées. Nous le suivons à l'intérieur, parmi une foule nombreuse assemblée ici. Plusieurs groupes sont assis par terre, dans les allées, en train de manger, et une longue file de gens passent devant le tombeau symbolique du dixième Gourou. Nous nous pressons dans cette foule aux rangs serrés. La voix profonde de l'officiant psalmodiant un texte sacré résonne dans la grande salle qui ressemble à un caravansérail. M. Datta a versé son *prasad* dans un grand récipient collectif et on lui a rendu l'équivalent. Ainsi des guirlandes de fleurs que l'on dépose sur la tombe et qui sont échangées pour d'autres guirlandes qui s'y trouvent déjà. Ces gestes manifestent en ce grand jour l'égalité de tous par le partage des dons et de la nourriture.

À la sortie, on dépose entre nos mains ouvertes une poignée du *prasad* collectif que nous mangeons en sortant du temple. Nous marchons dans l'eau qui s'est accumulée sur le parquet. M. Datta déclare que cette visite du temple, qu'il a accomplie avec beaucoup de dévotion, l'a remis en pleine forme. Un peu plus loin, se tournant vers le bazar, il déclare avec enthousiasme: «L'Inde, c'est cela! Il y a ici un temple jaïn et un temple sikh, là-bas, une mosquée; tous ces gens vivent ensemble, en paix: c'est cela la vérité de l'Inde!»

Et pour mieux comprendre le Vieux Delhi, nous retournons au Red Fort pour assister au spectacle son et lumière consacré à l'histoire de cette ville. Spectacle très bien construit et aussi instructif que captivant. On y assiste à la renaissance de Delhi sous l'impulsion de Shah Jahan en 1636, puis à la lutte fratricide de ses fils et au triomphe de l'un d'entre eux, Aurangzeb dont l'intégrisme musulman contredit la politique conciliante de son père, prisonnier dans son palais.

Après Aurangzeb viennent la décadence du sultanat de Delhi et la conquête par les Perses, suivies de la domination anglaise jusqu'au mouvement de l'indépendance. En 1947, le premier ministre Nehru vient saluer la foule du haut du mur du Red Fort. C'est l'apothéose. M. Datta connaît le texte par cœur et il accompagne de ses lèvres la voix du narrateur. Parfois, il nous annonce discrètement ce qui va survenir.

À la sortie du Red Fort, nous cherchons quelques moments notre chauffeur qui n'est pas au rendez-vous. M. Datta compte les minutes. Le chauffeur arrive enfin et nous entrons à notre hôtel, fatigués, mais ravis de cette belle soirée. J'en ai simplement perdu la voix d'avoir été exposé trop longtemps à la fraîcheur humide du soir et à la pollution de Delhi.

La rue est remplie de célébrations de mariages, car c'est un mois pour les mariages: fleurs, musique, autos et montures décorées. On a l'impression que toute la ville est en fête. Un cortège envahit également notre hôtel. Une tente de mariés est dressée dans le jardin qui jouxte la piscine.

26 novembre
À pied dans Delhi

Promenade au marché tibétain aux multiples boutiques de bijoux, objets d'art et pacotilles. Nous sommes sollicités partout. Nous n'achetons qu'un grand sac pour notre surplus de bagages. Puis nous passons au bureau du Rajasthan où M. Singh nous remet des photos et un poster du Palace-on-Wheels. Il nous explique le sens des célébrations d'hier, commémorant le moment où les Sikhs ont adopté une apparence extérieure différente des Hindous. À propos des exactions d'Aurengzeb, il nous dit, en référence à la situation politique actuelle: «Nous sommes habitués aux persécutions.»

Nous nous rendons en après-midi au musée national. Dans la rue, un jeune homme nous épingle un drapeau indien et nous demande un don pour une institution. Un vendeur de systèmes de communication que nous rencontrons au musée nous explique que c'est plein de gens comme ça qui veulent exploiter les passants, ajoutant: «Delhi, ce n'est pas l'Inde. Ici nous vivons un peu à l'occidentale.»

Le musée présente une exposition des trésors de l'Ermitage de Moscou: quelque 150 peintures, sculptures et dessins de la Renaissance jusqu'au XVIIIe siècle. Une *Sainte-Famille* de Raphaël, un beau «portrait de femme» de Corrège, un Titien, un Tiepolo, *Le sacrifice d'Abraham* de Rembrandt, un très beau portrait de Frans Hals, *La Madone sous un pommier* de Cranach, deux petits Botticelli, un Watteau, un Véronèse, etc.

Plusieurs jeunes visiteurs indiens paraissent intéressés par les œuvres exposées, mais des femmes sont dégoûtées par une nature morte intitulée: *Tableau de chasse.*

Après un petit lunch à la cafeteria où le menu et le service sont réduits à leur plus simple expression, nous visitons la collection du musée: miniatures, sculptures sur bois, sculptures de pierre surtout, retraçant la glorieuse histoire de l'art hindou, des Gûpta au royaume de Jivayamaya, en passant par l'époque glorieuse des Pallava et des

Chalukya. Mon intérêt est particulièrement retenu par les sculptures du Koushana des Ier et IIe siècles.

Nous entrons à pied, traversant la grande place entre India Gate et le Parlement. La ville nous est maintenant devenue agréablement familière.

Bon dîner au buffet de l'hôtel où nous sommes bientôt entourés de deux groupes, un français et un russe. Depuis trois ans, nous dit-on, les touristes russes sont nombreux en Inde. En plus, cette année, il s'y tient un grand festival russe reflétant tous les aspects de la vie culturelle soviétique.

L'un des garçons me dit que je ressemble à un Indien. Je lui réponds que je suis en Inde depuis plus de deux mois; mais il me dit que ça ne suffit pas pour avoir l'air indien.

Le marié sur son cheval blanc

À la sortie du restaurant, nous suivons un rassemblement à la porte de l'hôtel. Entrée solennelle d'un marié sur un beau cheval blanc. Il porte une coiffe dorée. Des parents et amis l'aident à descendre du cheval. Dans l'ascenseur, nous croisons la mariée, cette fois. Elle est vêtue d'un somptueux sari rouge brodé d'or et porte au nez un bijou d'or retenu par une chaîne. Elle est très belle et paraît toute fragile, comme sur le point de défaillir. Deux suivantes la soutiennent d'ailleurs jusque dans la salle de réception où elle monte lentement sur l'estrade pour y attendre son époux. Ils se passent mutuellement au cou une guirlande de fleurs blanches. La mariée esquisse à ce moment un léger mouvement de recul.

L'un des nombreux invités nous apprend qu'ils se connaissent déjà, contrairement à l'ancienne coutume où le mari voyait sa femme pour la première fois au moment du mariage. Maintenant, précise-t-il, ils se rencontrent avant et sont libres d'accepter ou de refuser l'arrangement.

27 novembre

Le brouillard sur Delhi paraît plus épais. Nous flânons dans notre chambre, car nous n'avons pas de plan précis pour la journée. Notre voyage tire à sa fin et nous commençons les préparatifs de départ.

Après le petit déjeuner, face au jardin comme tous les matins, nous décidons d'aller bouquiner. Sur Janpath, nous sommes abordés par un grand Sikh diseur de bonne aventure qui réussit à susciter notre curiosité. Il devine le nom de ma mère et celui de Yolande, ma date de naissance et le nombre et le sexe de nos enfants. Il est d'un art fascinant. Il lit dans la main et scrute nos yeux («Vous avez des yeux de serpent», me dit-il). Après ses prédictions (dûment payées), il nous donne un gage de chance et nous fixe un rendez-vous à cet endroit même en 1989 («sauf le dimanche!»).

Nous poursuivons notre route vers la banque, mais la Central Bank ne fait pas le change aujourd'hui. Je tente ma chance à la New Bank of India, située au bout d'un escalier dans un vieil immeuble cadenassé. On oublie de m'offrir une chaise pour signer les chèques, puis les commis m'interrogent sur le Canada et les problèmes du fédéralisme. L'un d'eux, qui est très bien informé, me demande si le grand projet hydroélectrique du Québec est terminé. Puis, on me presse d'aller à la caisse avant qu'elle ne ferme; mais elle est déjà fermée. J'attends un bon moment, mais personne ne vient; c'est l'heure sacrée du lunch. J'aperçois justement le plus jeune des commis en train de manger avec d'autres employés. J'attire son attention et il parvient à me dépêcher quelqu'un. Le militaire de service entrouvre ensuite la porte de fer cadenassée et je dois me baisser pour passer sous la chaîne qui la retient. L'opération a duré 40 minutes. Yolande qui m'attend sur le trottoir n'en revient pas. En attendant, elle observait trois gamins, (comme trois petits singes) qui se lançaient au stop sur les voitures pour les épousseter et qui se disputaient ensuite entre eux.

Le monde est petit, même en Inde

Dans la rue, nous avons la surprise de croiser un préposé du Tourist Center de Jammu qui nous avait si gentiment accueillis. Il nous reconnaît; le monde est petit, même en Inde. Au bazar souterrain Palika, espèce de labyrinthe étouffant, nous trouvons quelques cassettes de musique indienne; mais de retour à l'hôtel, je constate que certaines ne correspondent pas à l'emballage. Je retourne les échanger, ce qui paraît beaucoup amuser le commis.

Dans notre chambre, on nous sert une bière *flat*; nous protestons, mais on nous envoie le barman et le gérant en délégation avec «notre» bière sur un plateau pour nous affirmer qu'elle est «bonne». Ridicule, pour un hôtel de cet ordre!

Au buffet, un groupe d'Indiens célèbrent un anniversaire de mariage: splendides saris et échange de bouquets de glaïeuls. Évidemment, on prend des photos.

Vers la fin du repas, vives lumières et musique dans la rue. Un cortège de mariage se dirige vers l'hôtel. Il est éclairé par des porteurs de lampes à gaz qui projettent trois néons puissants dans le ciel. Nous allons à leur rencontre. Le cortège fait plusieurs poses au cours desquelles les participants dansent et chantent, au son d'un ensemble de cuivres appelé le Maharaja Band. Le marié est au milieu, impassible sur son cheval blanc, carapaçonné d'or. Un enfant marche devant et un petit page à guirlandes d'or se tient assis derrière le marié qui porte lui-même un turban rouge vin avec un bandeau d'or orné de franges dorées. Quelques plumes sont piquées dans le turban.

La danse et les chants se poursuivent jusqu'à l'entrée de l'hôtel. Les photographes s'affairent. Puis l'époux descend du cheval aidé par ses parents. Toute la foule emprunte le grand escalier pour atteindre la salle de réception et y attendre l'épouse qui arrive enfin, couverte de bijoux d'or, dans un somptueux sari rouge. Son frère nous explique que l'engagement a eu lieu il y a deux mois, que c'est aujourd'hui la célébration sociale et que la cérémonie religieuse aura lieu demain. Il nous invite à partager le repas nuptial, mais nous sortons justement de table, malheureusement. Nous conversons avec des jeunes gens, amis de la famille. Ce sont des Sikhs et ils nous expliquent que ceux qui portent le poignard sont liés à toute une série de pratiques très strictes: se lever à 4 heures tous les matins, ne pas manger de viande, etc. C'est un choix personnel, même si les pressions familiales sont parfois très fortes dans ce sens.

28 novembre

Ce devait être une journée tranquille. On avait prévu qu'une session de magasinage de dernière heure. Or, ce fut une journée exceptionnelle.

Nous attendions Mme Rooplakha pour aller magasiner; c'est Doria qui arrive, plus tôt que prévu, et qu'il faudra reconduire chez lui pour que le nouveau chauffeur sache où il habite... Mme Rooplakha arrive peu après à pied. C'est une jeune Bengalie du bureau du tourisme.

Après avoir reconduit Doria, notre nouvelle guide nous fait passer par Rashtrapati Bhavan, immense place regroupant tous les édifices gouvernementaux entourés de jardins mogols.

Un quartier peu rassurant

Nous visitons ensuite le tombeau de Humayun, construit par sa femme Haji Begum, tout en conversant avec notre guide qui est aussi charmante qu'intéressante. Le mausolée est un impressionnant monument de pierre rouge incrustée de marbre qui a servi de modèle pour le Taj Mahal construit 100 ans plus tard. Puis, quittant les sentiers battus, nous nous rendons, de l'autre côté de Mathura Road, au Nizamuddin Complex que l'on atteint à travers un village musulman que ni notre guide ni le chauffeur n'ont l'air de trouver rassurant. Petites rues étroites flanquées de boutiques et de plusieurs boucheries. Des enfants partout; certains semblent jouer à quêter. Il faut constamment se faire indiquer la route dans ces ruelles zigzagantes, avant d'atteindre la place où sont regroupés le tombeau du Sheikh Nizamuddin, important lieu de pèlerinage pour les musulmans, la plus vieille mosquée de l'Inde (VIIe siècle) et plusieurs mausolées de marbre, dont celui de la fille de Shah Jahan qui se retira là après la mort de son père.

Beaucoup de dévots sont réunis autour de la tombe du saint. J'y pénètre seul, car les femmes n'y sont pas admises. Comme d'habitude, une grande abondance de fleurs recouvre la tombe.

Pour notre guide, c'est une expérience nouvelle, car elle n'est jamais venue en ce lieu. La vieille mosquée est impressionnante dans sa grande simplicité et nous rappelle Sainte-Sophie par son immensité. Un musulman nous sert gentiment de guide et nous demande un don pour la communauté à la sortie. Nous retournons par les mêmes ruelles et croisons quand même quelques touristes.

Mme Rooplakha nous conduit ensuite aux emporiums d'artisanat, tout en nous racontant mille détails de la vie quotidienne à Delhi. L'emporium regroupe des magasins de tous les principaux États indiens; mais nous n'y trouvons pas grand-chose d'intéressant pour nous. Nous nous rendons donc à l'emporium central qui offre plus de choix, mais tout cela a pris beaucoup de temps; nous sommes pressés et notre guide, qui est enceinte, paraît très fatiguée. Elle nous ramène au bureau de M. Datta dont l'accueil est toujours aussi chaleureux. Il nous invite à prendre le thé chez lui cet après-midi et promet de nous conduire ensuite à une soirée de Baratha Natyam.

Nous avons juste le temps de nous reposer un peu et d'aller faire un dernier petit tour au Tibetan Market avant le retour de M. Datta en avance d'une demi-heure. En route vers sa demeure, poursuivant notre visite improvisée de Delhi, nous arrêtons à la Teen Murti House, ancienne demeure du commandant en chef britannique devenue par la suite la résidence de Nehru, de 1948 à 1967. C'est aujourd'hui un musée, au milieu d'un jardin de roses. Le Shanti Path, la rue des ambassades, que nous empruntons ensuite, longe d'ailleurs le plus grand jardin de roses que nous ayons jamais vu.

La maison de M. Datta est toute simple, dans un quartier de fonctionnaires, quartier où nous avons vécu une semaine en 1958 chez une amie française travaillant à l'ambassade de son pays.

La famille Datta a vécu cinq ans au Japon, ce que rappellent plusieurs bibelots japonais qui décorent les murs et les meubles de la salle de séjour. Le fils séjourne encore au Japon. Nous rencontrons les deux filles, jolies et très éveillées, qui parlent anglais et japonais.

M. Datta nous fait fièrement visiter son petit jardin derrière la maison, à l'abri d'un superbe manguier. Jardin de terre pauvre où il pousse quand même quelques légumes. Mme Datta, une grande femme toute simple et peu loquace, nous sert le thé avec quelques amuse-gueule qu'elle a elle-même préparés. Nous lui offrons un petit bouquet, choisi presque par l'autoritaire M. Datta.

Une scène de possession

La voiture du Tourist Office nous conduit ensuite au Swamiye Saranam Ayyuppa Temple où doit avoir lieu le spectacle de Bharata

Natyam de la danseuse Kumari Sukanya Jagan Babu. Le trajet est compliqué et même notre chauffeur, depuis trois jours un Sikh âgé et très sérieux, a de la difficulté à s'y retrouver.

Attirés par le spectacle, c'est à l'une des expériences religieuses les plus extraordinaires de notre voyage, que nous allons assister. La vie en Inde est ainsi pleine de surprises.

L'entrée est gratuite, puisque la danse ne vient que clôturer une cérémonie spéciale de *puja.* Au guichet, on peut faire une donation pour le temple ou acheter un panier d'offrandes pour la *puja.* Ne sachant trop que faire, je donne 20 roupies. «À quoi doivent servir ces 20 roupies?», me demande le préposé. Si c'est pour un don, c'est le guichet d'à côté. Pour sortir de ce délicat problème de juridiction, il décide de me donner deux paniers d'offrandes (bananes, noix de coco et pétales de roses) et me remet six roupies. Mon nom et celui de M. Datta sont inscrits sur des billets déposés dans les paniers. Nous entrons donc au temple et allons déposer nos offrandes devant le sanctuaire. Nous recevons de la cendre pour le front, quelques graines et des pétales de roses.

Des hommes en *dhoti* noir tournent autour du temple en scandant très fort des invocations au dieu Ayyappa (une forme de Vishnou). Ils portent sur la tête des sacs contenant des offrandes.

À l'intérieur, on allume les nombreuses lampes à huile en cuivre suspendues autour du sanctuaire. Le nombre des dévots augmente constamment: hommes, femmes et enfants s'agglutinent autour du sanctuaire. Beaucoup de jeunes gens. Les porteurs d'offrandes entrent dans le temple et continuent de tourner de plus en plus rapidement autour du sanctuaire, scandant leur chant de plus en plus fort. Le son d'une conque résonne à quelques reprises. Ils s'arrêtent et dansent devant l'autel. L'un d'entre eux danse frénétiquement; il lève les mains au ciel, saute sur place et avance par sauts brusques quand le groupe reprend sa marche circulaire. Au dernier arrêt devant l'idole, alors que les incantations deviennent de plus en plus fortes et le rythme de plus en plus précipité, il entre en transe par secousses et c'est finalement sa seule voix qui profère l'incantation en un cri déchirant, les autres la reprenant comme un répons. L'homme est possédé du dieu. On doit le soutenir. Sur le point de s'effondrer, il est conduit sur le parvis et étendu sur le sol, pendant qu'un petit tambour perçant reprend indéfiniment le même rythme, avec seulement quelques variations.

La porte du sanctuaire s'est refermée. On n'entend que le son sec du tambour. Cela dure de 15 à 20 minutes, mais l'attente paraît interminable. Le possédé se relève enfin, complètement rétabli. Puis la porte du sanctuaire s'ouvre brusquement et l'idole apparaît dans un tintement de clochettes et au milieu d'un nuage d'encens, entourée des officiants qui accomplissent la *puja.* Un courant d'émotion secoue la foule; les mains jointes se tendent vers l'idole et les bouches profèrent son nom avec exaltation.

Un officiant apporte le feu à plusieurs branches au-dessus duquel les fidèles posent les mains avant de les porter à leur visage. Moment d'une grande intensité qui nous emporte malgré nous.

La procession reprend autour du sanctuaire et on fait l'appel des noms pour remettre les offrandes *(prasad)* qui avaient été déposées devant l'idole pendant la *puja.*

M. Datta est ému. Il dit ne pas avoir assisté à une telle cérémonie depuis 1979.

À la sortie du sanctuaire qui est comme une enclave du Sud au cœur de Delhi, nous rencontrons l'un des organisateurs, un grand Indien du Sud au teint foncé, qui nous donne gentiment quelques explications et nous conduit sous la grande tente près de l'entrée du temple où doit avoir lieu la danse. Nous nous assoyons par terre, mais on s'empresse de nous apporter des chaises. M. Datta nous quitte à ce moment-là, enchanté de nous avoir accompagnés ici.

La danseuse apparaît, suivie d'une jeune chanteuse, de jeunes musiciens (flûte, violon, tambour) et de son gourou, Mme Saraja Vaidyanathan, une dame âgée qui scandera certains des pas de la danse.

Dès les premiers mouvements, la présence et l'extraordinaire équilibre de la danseuse Kumari, vêtue d'un sari mauve et or, s'imposent. La magie de la danse va emporter pendant deux heures un auditoire attentif de quelque six à sept cents personnes réunies sous la grande tente.

D'abord une danse de salutation au dieu, puis l'illustration de l'histoire classique de Krishna et des *gopis,* suivie d'une danse représentant les cinq manifestations de la Shakti. Courte intermission et Kumari revient en sari vert et or, dans une danse qui raconte les interventions de Vishnou en faveur de ses dévots. Elle termine par des danses purement techniques plus courtes et plus rythmées qui sont des hommages aux dieux.

Heureusement que le chauffeur nous attend à l'extérieur, car nous n'avons pas la moindre idée du quartier de la ville où nous nous trouvons.

Nous rentrons à l'hôtel au moment où y arrive le cortège des mariés du jour. Les salles d'accueil et le grand escalier sont festonnés d'œillets d'Inde pour la réception nuptiale.

Au buffet, il y a tellement de monde que nous trouvons difficilement une place; mais nous commençons à être connus à l'hôtel et le personnel de la salle à manger est particulièrement gentil avec nous.

29 novembre

C'est aujourd'hui notre dernier jour à Delhi. Pour passer le temps, nous décidons de faire une visite à la Galery of Modern Art où M. Datta nous a signalé l'exposition d'une jeune artiste indienne. Malheureusement, toutes les salles sont consacrées à une exposition russe, *L'art né de la révolution d'octobre.* Désolant spectacle que ces croûtes, mauvaises imitations de divers courants européens, alors qu'il existe bel et bien un «art né de la Révolution», mais que l'on trouve plutôt dans les musées de Paris et de New York. Notre hôtel est d'ailleurs rempli de citoyens soviétiques et l'image morose qu'ils projettent ressemble assez à cette pénible exposition.

Une partie de cricket

Dans le parc qui longe la grande avenue Rajpath, espèce de Champs-Élysées indien, nous assistons à une partie de cricket par un groupe de jeunes gens qui nous expliquent gentiment les règles du jeu, mais nous n'avons pas le temps d'approfondir ce sport national des Indiens. (Le cricket est surtout pratiqué en Grande-Bretagne, d'où son extension dans les ex-colonies britanniques.) Nous rejoignons Janpath par une rue transversale dont l'état déplorable contraste de façon surprenante avec les grandes avenues bordées d'arbres et aux terre-pleins fleuris. Il semble que l'arrière des maisons donne sur la rue: balcons malpropres et encombrés, déchets sur le trottoir, carreaux brisés et cordes à linge étalées à l'extérieur. Une autre image de la complexité indienne et du chevauchement de plusieurs niveaux de vie.

De retour à l'hôtel, nous faisons nos bagages rapidement et constatons qu'il nous reste encore neuf heures avant le départ pour l'aéroport.

De notre chambre, nous surveillons les préparatifs pour une autre réception nuptiale. On a érigé dans le jardin un petit baldaquin complètement recouvert de fleurs où se déroulera la cérémonie religieuse. Un peu plus loin, la grande tente est toute illuminée. Ce sera sûrement un grand mariage.

Au restaurant, en ce dernier soir, le maître d'hôtel, un jeune Sikh, est d'une gentillesse particulière. Il s'emploie à nous servir et s'entretient longuement avec nous. Il trouve les Canadiens très liants et n'aime pas beaucoup les Russes qui se succèdent à l'hôtel par groupe de 33 (correspondant au nombre de places dans les cars de tourisme). Il nous dit de ne pas oublier les garçons qui nous ont servis et nous laissons un généreux pourboire.

Le reste de la soirée se passe à attendre, tout en regardant à la télévision un documentaire sur la biologie moléculaire suivi d'un documentaire sur la danse: deux images de l'Inde, science moderne et art traditionnel.

Vers minuit, Doria vient nous chercher. Il est accompagné de son fils, qui veut voir l'aéroport, et de son patron. Nous apprenons en entrant à l'aéroport que notre vol est retardé de deux heures, ce qui termine de façon fort symbolique notre périple indien, car s'il y a une qualité que l'on doive exercer au cours d'un voyage en Inde, c'est bien la patience.

Nous faisons escale à Dubai, des Émirats arabes du golfe persique, après avoir survolé l'immensité des dunes éclairées de quelques îlots de verdure. Une ville ultramoderne surgit du désert avec son cirque de gratte-ciel bordant la mer. Le style de l'aéroport, construit par une firme canadienne, s'harmonise au paysage désertique. Ici tout est luxe et confort. Des hommes imposants, tout de blancs vêtus, défilent, coiffés d'un voile retenu par une couronne noire. Exotisme! Monde de luxe et de richesse qui contraste étrangement avec ce pays dont nous avons, au cours des trois derniers mois, cherché à démêler la prodigieuse complexité... l'Inde vivante.

Table

Avant-propos		7
I	Delhi... comme il y a trente ans	9
II	Le Cachemire sans romantisme	17
III	Au cœur de l'Himâlaya: le Ladakh	25
IV	De Jammu à Rishikesh: la bataille des transports	49
V	Badrinath: pèlerinage aux sources du Gange	67
VI	Voir Bénarès, ville sainte et polluée	81
VII	Quarante heures dans le Kashi express pour Madras	93
VIII	Le Tamil Nadu à l'indienne, en autocar	103
IX	Éléphants en liberté et forêts d'eucalyptus	125
X	Goa ou la douceur de vivre	139
XI	Au glorieux royaume des Chalukya	151
XII	Une amie au Karnataka	159
XIII	En amour avec Bombay	171
XIV	Les mosquées d'Ahmedabad	183
XV	Le train des maharajas au Rajasthan	195
XVI	Adieu, monsieur Datta	213

COLLECTION ESSAIS LITTÉRAIRES

Micheline Cambron, *Une société, un récit*
Guy Cloutier, *Entrée en matière(s)*
Dominique Garand, *La griffe du polémique*
Gilles Marcotte, *Littérature et circonstances*
Pierre Milot, *La camera obscura du postmodernisme*
Pierre Ouellet, *Chutes*
Lucien Parizeau, *Périples autour d'un langage*

COLLECTION POLITIQUE ET SOCIÉTÉ

Louis Balthazar, *Bilan du nationalisme au Québec*
Jean Mercier, *Les Québécois entre l'État et l'entreprise*
Paul Warren, *Le secret du star system américain, une stratégie du regard*

COLLECTION GÉRALD GODIN

Robert Hébert, *L'Amérique française devant l'opinion, 1756-1960*
Jules Léger, *Jules Léger parle*

COLLECTION ITINÉRAIRES

Élaine Audet, *La passion des mots*
Denise Boucher, *Lettres d'Italie*
Arthur Gladu, *Tel que j'étais...*
Johnny Montbarbut, *Si l'Amérique française m'était contée*
Pierre Perrault, *La grande allure, 1. De Saint-Malo à Bonavista*
Pierre Perrault, *La grande allure, 2. De Bonavista à Québec*
Pierre Trottier, *Ma Dame à la licorne*

COLLECTION RENCONTRE QUÉBÉCOISE INTERNATIONALE DES ÉCRIVAINS

Collectif: *Écrire l'amour*
L'écrivain et l'espace
La tentation autobiographique
Écrire l'amour 2
La solitude
L'écrivain et la liberté

COLLECTION CENTRE DE RECHERCHE EN LITTÉRATURE QUÉBÉCOISE (CRELIQ)

Maurice Arguin, Le roman québécois de 1944 à 1965. Symptômes du colonialisme et signes de libération
Fraçois Dumont, *L'éclat d'origine*

ESSAIS

Maurice Arguin, *Le roman québécois de 1944 à 1965*
Élaine Audet, *La passion des mots*
Louis M. Azzaria / André Barbeau / Jacques Elliot, *Dossier mercure*
Louis Balthazar, *Bilan du nationalisme au Québec*
Jean-Michel Barbe, *Les chômeurs du Québec*
Robert Barberis, *La fin du mépris*
Alain Beaulieu / André Carrier, *La coopération, ça se comprend*
Charles Bécard, sieur de Grandville, *Codex du Nord amériquains, Québec 1701*
Yvon Bellemare, *Jacques Godbout, romancier*
Gérard Bergeron, *Le déclin écologique des lacs et cours d'eau des Laurentides*
Léonard Bernier, *Au temps du «boxa»*
Berthio, *Les cent dessins du centenaire*
Pierre Bertrand, *L'artiste*
Gilles Bibeau, *Les bérets blancs*
Denise Boucher, *Lettres d'Italie*
Denise Boucher / Madeleine Gagnon, *Retailles*
André-G. Bourassa & Gilles Lapointe, *Refus global et ses environs*
Gilles Bourque, *Classes sociales et question nationale du Québec (1760-1840)*
Jean Bouthillette, *Le Canadien français et son double*
Jacques Brault, *Alain Grandbois*
Marie-Marthe T. Brault, Monsieur Armand, guérisseur
Marcelle Brisson, *Maman*
Baudoin Burger, *L'activité théâtrale au Québec (1765-1825)*
Micheline Cambron, *Une société, un récit*
Jacques Cartier, *Voyages de découverte au Canada*
Paul Chamberland, *Terre souveraine*
Paul Chamberland, *Un parti pris anthropologique*
Paul Chamberland, *Un livre de morale*
Reggie Chartrand, *La dernière bataille*
Denys Chevalier / Pierre Perrault / Robert Roussil, *L'art et l'État*
Guy Cloutier, *Entrée en matière(s)*
Collectif, *Apprenons à faire l'amour*
Collectif, *Documents secrets d'ITT au Chili*
Collectif, Écrire l'amour
Collectif, Écrire l'amour 2
Collectif, *L'écrivain et la liberté*
Collectif, *L'écrivain et l'espace*
Collectif, *Gaston Gouin*
Collectif, *Grandbois vivant*
Collectif, *La grande tricherie*
Collectif, *La lutte syndicale chez les enseignants*
Collectif, *Le Parti acadien*
Collectif, *Parti pris*
Collectif, *La poésie des Herbes rouges*
Collectif, Prendre en main sa retraite
Collectif, *Québec occupé*
Collectif, *La solitude*
Collectif, *La tentation autobiographique*
Collectif, *Une ville pour nous*
Susan M. Daum / Jeanne M. Stellman, *Perdre sa vie à la gagner*
Serge Desrosiers / Astrid Gagnon / Pierre Landreville, *Les prisons de par ici*
Louise de Grosbois / Raymond Lamothe / Lise Nantel, les patenteux du Québec
Gilles de La Fontaine, *Hubert Aquin et le Québec*
Gilles des Marchais, *Poésisoïdes*
Pierre Drouilly, *Le paradoxe canadien*
Christian Dufour, *Le défi québécois*
Mikel Dufrenne, *L'œil et l'oreille*
Fernand Dumont, *Le sort de la culture*
François Dumont, *L'éclat d'origine*
Dupras, *La bataille des chefs*
Claude Escande, *Les classes sociales au cégep*
Louis Favreau, *Les travailleurs face au pouvoir*
Henri Gagnon, *La Confédération y a rien là*
Dominique Garand, *La griffe de polémique*
Lise Gauvin, *Lettres d'une autre*
Michel Germain, *L'intelligence artificieuse*
Charles Gill, *Correspondance*
Arthur Gladu, *Tel que j'étais...*
Pierre Godin, *L'information-opium*
Alain Grandbois, *Lettres à Lucienne*
Pierre Gravel, *D'un miroir et de quelques éclats*
Pierre Graveline, *Prenons la parole*
Ernesto «Che» Guevara, *Journal de Bolivie*
Soren Hansen / Jesper Jensen, *Le petit livre rouge de l'étudiant*
Robert Hébert, *L'Amérique française devant l'opinion étrangère, 1756-1960*
Robert Hollier, *Montréal, ma grand'ville*
Gabriel Hudon, *Ce n'était qu'un début*
Jean-Claude Hurni / Laurent Lamy, *Architecture contemporaine au Québec (1960-1970)*
Yvon Johannisse, *Vers une subjectivité constructive*
Yerri Kempf, *Les trois coups à Montréal*
Jean-Daniel Lafond, *Les traces du rêve*
Michèle Lalonde / Denis Monière, *Cause communew*
Suzanne Lamy, *D'elles*
Suzanne Lamy, *Quand je lis je m'invente*
Gilles Lane, *Si les marionnettes pouvaient choisir*
Jim Laxer, *Au service des U.S.A.*
Michel Leclerc, *La science politique au Québec*
Jules Léger, *Jules Léger parle*
Francine Lemay, *La maternité castrée*
Claire Lejeune, *Âge poétique, âge politique*
Jean-Claude Lenormand, *Québec-immigration: zéro*
Michel Létourneux / André Potvin / Robert Smith, *L'anti-Trudeau*
Robert Lévesque / Robert Migner, *Camillien et les années vingt suivi de Camillien au goulag*
Charles Lipton, *Histoire du syndicalisme au Canada et au Québec (1827-1959)*
Jacques Mackay, *Le courage de se choisir*
Pierre Maheu, *Un parti pris révolutionnaire*
Jean Marcel, *Jacques Ferron malgré lui*
Gilles Marcotte, *Littérature et circonstances*
Gilles Marcotte, *Le roman à l'imparfait*
Robert Marteau, *Ce qui vient*
Jean Mercier, *Les Québécois entre l'État et l'entreprise*
Pierre Milot, *La camera obscura du postmodernisme*
Johnny Montbarbut, *Si l'Amérique française m'était contée*
Claude Morin, *Le pouvoir québécois... en négociation*
Jean-Marie Nadeau, *Carnets politiques*
Trung Viet Nguyen, *Mon pays, le Vietnam*
Fernand Ouellette, *Journal dénoué*
Fernand Ouellette, *Ouvertures*

Madeleine Ouellette-Michalska, *L'échappée des discours de l'œil*
Pierre Ouellet, *Chutes*
Lucien Parizeau, *Périples autour d'un langage*
André Patry, *Visages d'André Malraux*
René Pellerin, *Théories et pratiques de la désaliénation*
Claude Péloquin, *Manifeste infra* suivi d'Émissions parallèles
Pierre-Yves Pépin, *L'homme éclaté*
Pierre-Yves Pépin, *L'homme essentiel*
Pierre-Yves Pépin, *L'homme gratuit*
Pierre Perrault, *Caméramages*
Pierre Perrault, *De la parole aux actes*
Pierre Perrault, *La grande allure, 1. De Saint-malo à Bonavista*
Pierre Perrault, *La grande allure, 2. De Bonavista à Québec*
Joseph Prestieau, *Guerres et paix sans état*
Jean-Marc Piotte, *La pensée politique de Gramsci*
Jean-Marc Piotte, *Sur Lénine*
Henri Poupart, *Le scandale des clubs privés de chasse et de pêche*
Jérôme Proulx, *Le panier de crabes*
Revon Reed, *Lâche pas la patate*
Robert Richard, *Le corps logique de la fiction*
Marcel Rioux, *Anecdotes saugrenues*
Marcel Rioux, *Le besoin et le désir*
Marcel Rioux, *Pour prendre publiquement congé de quelques salauds*
Marcel Rioux, *La question du Québec*
Marcel Rioux, *Une saison à la Renardière*
Guy Robert, *La poétique du songe*
Raoul Roy, *Jésus, guerrier de l'indépendance*
Raoul Roy, *Les patriotes indomptables de La Durantaye*
Jean Royer, *Écrivains contemporains, entretiens 1 (1976-1979)*
Jean Royer, *Écrivains contemporains, entretiens 2 (1977-1980)*
Jean Royer, *Écrivains contemporains, entretiens 3 (1980-1983)*
Jean Royer, *Écrivains contemporains, entretiens 4 (1981-1986)*
Jean Royer, *Écrivains contemporains, entretiens 5 (1986-1989)*
Stanley-Bréhaut Ryerson, *Capitalisme et confédération*
Rémi Savard, *Destins d'Amérique*
Rémi Savard, *Le rire précolombien dans le Québec d'aujourd'hui*
Rémi Savard, *Le sol américain*
Rémi Savard, *La voix des autres*
Rémi Savard / Jean-Pierre Proulx, *Canada, derrière l'épopée, les autochtones*
Robert-Lionel Séguin, *L'esprit révolutionnaire dans l'art québécois*
Jocelyne Simard, *Sentir, se sentir, consentir*
Jean Simoneau, *Avant de se retrouver tout nu dans la rue*
jeanne M. Stellman, *La santé des femmes au travail*
Jean-Marie Therrien, *Parole et pouvoir*
Pierre Trottier, *Ma Dame à la licorne*
Paul Unterberg, *100 000 promesses*
Pierre Vadeboncœur, *La dernière heure et la première*
Pierre Vadeboncœur, *Les deux royaumes*
Pierre Vadeboncœur, *Indépendances*
Pierre Vadeboncœur, Lettres et colères
Pierre Vadeboncœur, *To be or not to be, that is the question*
Pierre Vadeboncœur, *Trois essais sur l'insignifiance* suivis *de Lettre à la France*
Pierre Vadeboncœur, *Un génocide en douce*
Pierre Vallières, *Nègres blancs d'Amérique*
Pierre Vallières, *L'urgence de choisir*
Paul Warren, *Le secret du star system américain, une stratégie du regard*
Heinz Weinmann, *Du Canada au Québec*
Heinz Weinmann, *Cinéma de l'imaginaire québécois*
Lao Zi, *Le tao et la vertu*

COLLECTION DE POCHE TYPO

1. Gilles Hénault, *Signaux pour les voyants*, poésie, préface de Jacques Brault (l'Hexagone)
2. Yolande Villemaire, *La vie en prose*, roman (Les Herbes rouges)
3. Paul Chamberland, *Terre Québec* suivi de *L'afficheur hurle*, de *L'inavouable* et d'*Autres poèmes*, poésie, préface d'André Brochu (l'Hexagone)
4. Jean-Guy Pilon, *Comme eau retenue*, poésie, préface de Roger Chamberland (l'Hexagone)
5. Marcel Godin, *La cruauté des faibles*, nouvelles (Les Herbes rouges)
6. Claude Jasmin, *Pleure pas, Germaine*, roman, préface de Gérald Godin (l'Hexagone)
7. Laurent Mailhot, Pierre Nepveu, *La poésie québécoise*, anthologie (l'Hexagone)
8. André-G. Bourassa, *Surréalisme et littérature québécoise*, essai (Les Herbes rouges)
9. Marcel Rioux, *La question du Québec*, essai (l'Hexagone)
10. Yolande Villemaire, *Meurtres à blanc*, roman (Les Herbes rouges)
11. Madeleine Ouellette-Michalska, *Le plat de lentilles*, roman, préface de Gérald Gaudet (l'Hexagone)
12. Roland Giguère, *La main au feu*, poésie, préface de Gilles Marcotte (l'Hexagone)
13. Andrée Maillet, *Les Montréalais*, nouvelles (l'Hexagone)
14. Roger Viau, *Au milieu, la montagne*, roman, préface de Jean-Yves Soucy (Les Herbes rouges)
15. Madeleine Ouellette-Michalska, *La femme de sable*, nouvelles (l'Hexagone)
16. Lise Gauvin, *Lettres d'une autre*, essai/fiction, préface de Paul Chamberland (l'Hexagone)
17. Fernand Ouellette, *Journal dénoué*, essai, préface de Gilles Marcotte (l'Hexagone)
18. Gilles Archambault, *Le voyageur distrait*, roman (l'Hexagone)
19. Fernand Ouellette, *Les heures*, poésie (l'Hexagone)
20. Gilles Archambault, *Les pins parasols*, roman (l'Hexagone)
21. Gilbert Choquette, *La mort au verger*, roman, préface de Pierre Vadeboncœur (l'Hexagone)
22. Nicole Brossard, *L'amèr ou Le chapitre effrité*, théorie/fiction, préface de Louise Dupré (l'Hexagone)
23. François Barcelo, *Agénor, Agénor, Agénor et Agénor*, roman (l'Hexagone)
24. Michel Garneau, *La plus belle île* suivi de *Moments*, poésie (l'Hexagone)
25. Jean Royer, *Poèmes d'amour*, poésie, préface de Noël Audet (l'Hexagone)
26. Jean Basile, *La jument des Mongols*, roman, préface de Carole Massé (l'Hexagone)
27. Denise Boucher, Madeleine Gagnon, *Retailles*, essais/fiction (l'Hexagone)
28. Pierre Perrault, *Au cœur de la rose*, théâtre, préface de Madeleine Greffard (l'Hexagone)
29. Roland Giguère, *Forêt vierge folle*, poésie, préface de Jean-Marcel Duciaume (l'Hexagone)
30. André Major, *Le cabochon*, roman (l'Hexagone)
31. Collectif, *Montréal des écrivains*, fiction, présentation de Louise Dupré, Bruno Roy, France Théoret (l'Hexagone)
32. Gilles Marcotte, *Le roman à l'imparfait*, essai (l'Hexagone)
33. Berthelot Brunet, *Les hypocrites*, roman, préface de Gilles Marcotte (Les Herbes rouges)
34. Jean Basile, *Le Grand Khān*, roman, préface de Carole Massé (l'Hexagone)
35. Raymond Lévesque, *Quand les hommes vivront d'amour...*, chansons et poèmes, préface de Bruno Roy (l'Hexagone)
36. Louise Bouchard, *Les images*, récit (Les Herbes rouges)
37. Jean Basile, *Les voyages d'Irkoutsk*, roman, préface de Carole Massé (l'Hexagone)
38. Denise Boucher, *Les fées ont soif*, théâtre, introduction de Lise Gauvin, préface de Claire Lejeune (l'Hexagone)
39. Nicole Brossard, *Picture Theory*, théorie/fiction, préface de Louise H. Forsyth (l'Hexagone)
40. Robert Baillie, *Des filles de Beauté*, roman, entretien avec Jean Royer, (l'Hexagone)
41. Réjean Bonenfant, *Un amour de papier*, roman, préface de Gérald Gaudet, (l'Hexagone)
42. Madeleine Ouellette-Michalska, *L'échapée des discours de l'œil*, essai (l'Hexagone)
43. Réjean Bonenfant, Louis Jacob, *Les trains d'exils*, roman, postface de Louise Blouin (l'Hexagone)
44. Berthelot Brunet, *Le mariage blanc d'Armandine*, contes, (Les Herbes rouges)
45. Jean Hamelin, *Les occasions profitables*, roman (Les Herbes rouges)
46. Fernand Ouellette, *Tu regardais intensément Geneviève*, roman, préface de Joseph Bonenfant (l'Hexagone)
47. Jacques Ferron, *Théâtre I*, introduction de Jean Marcel (l'Hexagone)

Cet ouvrage composé en Times corps 11
a été achevé d'imprimer
aux Ateliers graphiques Marc Veilleux
à Cap-Saint-Ignace en avril 1990
pour le compte des
Éditions de l'Hexagone

Imprimé au Québec (Canada)